DIREITO FALENCIAL

SÉRIE ESTUDOS JURÍDICOS: DIREITO EMPRESARIAL E ECONÔMICO

Luiz Carlos Guieseler Junior

Rua Clara Vendramin, 58 . Mossunguê . Cep 81200-170 . Curitiba . PR . Brasil
Fone: (41) 2106-4170 . www.intersaberes.com.br . editora@intersaberes.com

Conselho editorial Dr. Ivo José Both (presidente), Drª Elena Godoy, Dr. Neri dos Santos, Dr. Ulf Gregor Baranow ▪ **Editora-chefe** Lindsay Azambuja ▪ **Gerente editorial** Ariadne Nunes Wenger ▪ **Assistente editorial** Daniela Viroli Pereira Pinto ▪ **Preparação de originais** Palavra Arteira Edição e Revisão de Textos ▪ **Edição de texto** Monique Francis Fagundes Gonçalves ▪ **Capa** Luana Machado Amaro ▪ **Projeto gráfico** Mayra Yoshizawa ▪ **Diagramação** Débora Gipiela ▪ **Equipe de design** Débora Gipiela ▪ **Iconografia** Regina Claudia Cruz Prestes

Dados Internacionais de Catalogação na Publicação (CIP)
(Câmara Brasileira do Livro, SP, Brasil)

Guieseler Junior, Luiz Carlos
  Direito falencial/Luiz Carlos Guieseler Junior. Curitiba: InterSaberes, 2021. (Série Estudos Jurídicos: Direito Empresarial e Econômico)

  Bibliografia.
  ISBN 978-65-5517-926-2

  1. Direito econômico 2. Direito empresarial – Brasil 3. Falência 4. Falência – Brasil 5. Falência – Leis e legislação – Brasil I. Título II. Série.

21-54761   CDD-34:338(81)

Índices para catálogo sistemático:
1. Brasil: Direito empresarial   34:338(81)
  Maria Alice Ferreira – Bibliotecária – CRB-8/7964

1ª edição, 2021.

Foi feito o depósito legal.

Informamos que é de inteira responsabilidade do autor a emissão de conceitos.

Nenhuma parte desta publicação poderá ser reproduzida por qualquer meio ou forma sem a prévia autorização da Editora InterSaberes.

A violação dos direitos autorais é crime estabelecido na Lei n. 9.610/1998 e punido pelo art. 184 do Código Penal.

Sumário

13 ▪ Apresentação

19 ▪ Introdução

Capítulo 1
23 ▪ Noções introdutórias da falência
24 | O princípio da *pars conditio creditorum*
32 | O estado de insolvência do credor
38 | A caracterização do estado falimentar
44 | A possibilidade de autofalência
50 | Os comportamentos do devedor

Capítulo 2
57 ▪ Da legitimidade para a falência
58 | Legitimidade ativa
64 | Legitimidade passiva
72 | Competência
76 | Juízo Universal de Falência
83 | Execução singular e concursal

Capítulo 3
89 ▪ A decretação da falência
92 | A sentença falimentar e os seus efeitos
104 | A verificação e a habilitação de créditos
110 | Classificação dos créditos
123 | Quadro geral de credores
125 | Ordem de pagamentos

Capítulo 4
131 ▪ O processo falimentar
134 | O administrador e o gestor judicial
148 | A assembleia geral de credores e o comitê de credores
153 | A arrecadação, a realização do ativo
e o pagamento dos credores
160 | O encerramento da falência
163 | A extinção das obrigações do falido

Capítulo 5
169 ▪ A defesa da concorrência
177 | A Lei de Defesa da Concorrência (Lei n. 12.529/2011)
183 | Sistema Brasileiro de Defesa da Concorrência
188 | Infrações da ordem econômica e atos de concentração
196 | Controle de concentrações
199 | Falência como resultado de concorrência desleal

Capítulo 6
205 ▪ Os crimes falimentares
208 | Os crimes em espécie
218 | O processamento penal
219 | A prescrição penal

223 ▪ *Considerações finais*
231 ▪ *Referências*
237 ▪ *Sobre o autor*

Dedico este trabalho a meu pai, Luiz Carlos Guieseler, homem simples e trabalhador, que me mostrou as virtudes da honestidade e do papel da educação na mudança de vida das pessoas.

Há muito a agradecer.

Em primeiro, pelo honroso convite, aos comandantes deste projeto, Prof. Dr. André Peixoto de Souza, incentivador e crítico de meus estudos, amigo e companheiro com o qual posso afirmar: Venceremos! Também, a Prof. Me. Tiemi Saito, na admiração de seu trabalho e especialmente pela confiança depositada.

Eduardo Siqueira, agradeço por me permitir fazer parte do teu crescimento pessoal e intelectual.

Agradeço sobremaneira às pessoas de minha família que sempre foram o suporte de todas as horas e que representam o porto seguro de minha existência.

Minha filha Amanda, pela oitiva, pela paciência e pelas críticas pertinentes ao texto. Bruna, meu anjinho.

Katia Alves Sentone, dividimos duas filhas. Dividimos parte de nossas vidas. Dividimos nossas almas. Obrigado.

Minha mãe, Ivanilda. Obrigado por tudo.

Apresentação

Nesta obra, pretende-se fazer uma imersão no mundo do direito empresarial, especificamente no direito falencial e suas idiossincrasias, com vista aos seus impactos na vida das pessoas, na economia e na sociedade civil como um todo.

Como dito, a pretensão é o atingimento de uma gama de interessados em desvendar o modo como se comportam as questões jurídicas e como se interpretam as normas falimentares, sejam princípios ou regras, em cotejo com uma vastidão de normas de outros ramos do direito. Isso porque é consabido que o direito falencial é um ramo do direito que dialoga com vários outros ramos, como o direito civil, trabalhista, tributário, processual etc.

Assim, é preciso fazer uma aproximação harmônica entre as mais variadas situações que o operador do direito falencial deverá realizar, para se transitar com segurança no trato do direito das pessoas que figuram como tuteladas pelas normas falimentares.

Este livro é destinado àquele profissional que busca compreender as vicissitudes que uma eventual falência da atividade empresarial carregará em si. Advogados interessados em habilitar créditos ou em atuar como administradores judiciais, bem como outros profissionais que a lei possibilita – economista, administrador de empresas ou contador –, encontrarão nesta obra algumas respostas para seus questionamentos.

Estudantes de direito e pesquisadores também poderão sanar dúvidas acadêmicas acerca de discussões sobre o alcance de alguns de seus princípios e lógicas do processo de falência que seguramente demandam raciocínio jurídico para tanto.

Mesmo os credores, empresário ou não, poderão se servir do conteúdo desta obra para situar-se nesse universo processual ou até mesmo entender como se desevolverá toda a lógica processual até seus ulteriores termos e vislumbrar em que medida e, especialmente, quando será satisfeito o seu crédito.

Para alcançar essa ousada pretensão, a escrita deste livro foi desenvolvida e norteada buscando-se uma clareza de seu conteúdo que simplificasse ao máximo as lições jurídicas aqui contidas. Deixa-se registrado que conectar em harmonia vários ramos do direito e entender como o próprio direito falencial se comporta não é tarefa das mais fáceis, especialmente mantendo-se sua racionalidade própria. Porém, como veremos na obra, desde que respeitemos os elementos de cada ramo do direito e suas particularidades, há como trabalhar a harmonia e a interação dos elementos de cada sistema.

Com essa métrica, iniciou-se o Capítulo 1, em que o leitor se deparará com as lições fundamentais da falência, em que se desvendou o princípio da *pars conditio creditorum* como pilar fundamental da execução concursal. Pode-se, também, visitar o chamado *estado de insolvência* do devedor, com o estudo das denominadas *(in)viabilidades econômica e financeira* aptas a determinar a quebra da atividade empresarial.Descortina-se a caracterização do estado falimentar com a identificação de situações determinantes da quebra de uma atividade empresarial. Outros pontos importantes estudados no Capítulo 1 são a autofalência e seus pressupostos, bem como os identificados comportamentos do devedor no processo de falência que poderão eledir a presunção de insolvência ou confirmá-la.

No Capítulo 2 aborda-se a questão da legitimidade para o processo falimentar. Busca-se responder a pergunta sempre recorrente de quem poderá figurar como autor ou réu em um processo falimentar. Coerente com a determinação da legitimidade, são estudadas as normas de fixação de competência para o processamento da falência, assim como a análise do juízo universal de falência e suas peculiaridades como objeto de estudo nesse capítulo. As diferenças entre as execuções singulares e concursais se acentuam no descortinar desses importantes institutos processuais também nesse capítulo.

O objeto do Capítulo 3 é a decretação da falência, ato pelo qual cria-se a situação nova de falida para a atividade empresarial. A partir dessa decretação busca-se pesquisar a sentença falimentar com todo o seu conteúdo mandamental e de busca de realização do ativo e identificação do passivo. Dentro dessa lógica, identificar quais créditos o legislador elencou como prioritário e suas respectivas naturezas jurídicas é tarefa imprescindível desse capítulo, bem como o papel dessa classificação no quadro-geral de credores. Para atender os interesses dos credores e especialmente responder a pergunta principal de uma falência, qual seja, quando se darão os pagamentos, nesse capítulo descortina-se a chamada *ordem de pagamentos dos credores*.

As principais intercorrências e institutos de processo falimentar são objeto do Capítulo 4. As formas e as possibilidades de nomeação do administrador judicial, além de sua remuneração e destituição/substituição também têm destaque nesse capítulo, do mesmo modo que se estuda o gestor judicial e as possibilidades de sua nomeação. As peculiaridades da assembleia geral de credores, suas atribuições e a conexão com o comitê de credores também são detidamente analisadas. Outro ponto muito importante desse capítulo é o enfrentamento da arrecadação de bens e realização do ativo na busca de satisfazer os credores e, dentro dessa lógica, pode-se analisar as ações revocatória e anulatória aptas na retomada de bens da falida. Outro ponto de suma importância que tem estudo detalhado é o encerramento da falência com todas as suas consequências jurídicas.

A defesa da concorrência e seus impactos em uma eventual falência derivada dessa prática é o objeto do Capítulo 5. Descortina-se o sistema brasileiro de defesa da concorrência e o estudo da Lei n. 12.529/2011 (Brasil, 2011) e as suas normativas no estudo de seu conteúdo, especialmente do que se tratam as infrações à ordem econômica e a caracterização do controle de concentrações.

No Capítulo 6 tem-se como estudo os chamados *crimes falimentares*. Nesse capítulo são estudados os crimes em espécie com vista ao bem jurídico protegido, assim como são detidamente analisadas as normas processuais penais. Outra circunstância especial fática é enfrentada nesse capítulo, qual seja, a ocorrência da prescrição penal e seus efeitos na punibilidade da prática dos crimes falimentares.

Introdução

Falência geralmente é uma palavra com forte carga negativa perante o conhecimento comum. Na linguagem popular, significa "falha", "falecimento", "falta", "carência", entre outros. Seu uso comum faz com que a ideia de **falir** seja correlacionada a ideia de **falhar, quebrar, fracassar**. Daí a carga negativa atrelada às indicações semânticas da expressão.

No direito empresarial, a utilização da expressão *falência* tem significado muito próximo do senso comum. No Código Civil brasileiro, Lei n. 10.406, de 11 de janeiro de 2002 (Brasil, 2002), a expressão somente é utilizada no sentido de se referir a uma atividade empresarial que está insolvente e que não conseguiu honrar as dívidas que contraiu e por isso falhou com seus compromissos. Na Lei n. 11.101, de 9 de fevereiro de 2005 (Brasil, 2005), a expressão *falência* é utilizada com a mesma significação e coerência semântica, registrando-se, apenas, que a lei refere-se, também, ao processo de execução coletiva (falência) para diferenciar do processo de soerguimento da atividade empresarial (recuperação).

O ponto principal que deve ser analisado é se existe um lado "positivo" na ideia de falência e que possa fazer um contraponto a toda a negatividade que a expressão contém isoladamente. Haveria uma forma de se enxergar algo de bom na falência que pudesse justificar uma positividade no termo?

Ousamos afirmar que existem efeitos da falência que podem ser considerados positivos, por exemplo, a reunião de todos os credores para que possam ser satisfeitos seus direitos. Caso não existisse a falência gerenciada pelo Poder Judiciário, seguramente não haveria a garantia de que os recursos de que a falida disporia seriam utilizados para satisfazer a maioria possível dos credores na ordem de sua essencialidade.

Outra situação positiva é com relação à extinção das obrigações do falido, que pode ter o encerramento regular de suas atividades com a falência e que poderiam significar, em alguns casos, desconsideração da personalidade jurídica. Caso sejam extintas as obrigações, o devedor poderá ser reabilitado para empresariar.

O que é importante referir é que existem dois lados dessa moeda, sendo necessário buscar o equilíbrio entre essas realidades jurídicas. A falência não pode ser vista apenas como algo ruim, mas também não pode se entender como algo bom. Há de se equilibrar os dois lados.

O papel do processo falencial em si é, portanto, buscar equilibrar o impacto negativo social da falência com seus princípios e procedimentos e buscar a redução dos prejuízos que uma falência contém. Os princípios, os procedimentos, as regras e as normativas da falência estão a serviço desse espírito de equilíbrio e em função de todos os agentes que contribuem para esse sistema jurídico (devedor, juiz, credor), oportunizando a todos eles que contribuam para que o maior número de créditos possíveis possam ser satisfeitos, ainda que nem sempre integralmente.

A condução de uma falência, de forma equilibrada entre seus benefícios e malefícios, é assegurada pelos desdobramentos dos institutos próprios falimentares que analisamos de modo detido ao longo desta obra, a qual pretende promover uma contribuição didática na comunidade jurídica.

Capítulo 1

Noções introdutórias
da falência

— 1.1 —
O princípio da
pars conditio creditorum

O instituto da *pars conditio creditorum* é deveras importante para o início de qualquer estudo sobre falência. É importante que saibamos o quanto a ideia de falência é focada na igualdade, especialmente no trato com os créditos não pagos pelo devedor e seus respectivos credores.

De início, podemos indicar que esse princípio significa que se deve dar tratamento igual para credores em situação igual. Entretanto, as coisas são mais profundas do que isso e necessitam de uma atenção mais pormenorizada.

Na história do instituto falimentar identifica-se até mesmo a morte do devedor como forma de quitação das dívidas, demonstrando ser algo enfrentado há muito tempo e de diferentes formas. Por óbvio que ninguém quer matar seu devedor, especialmente porque significaria o não recebimento do valor desejado e uma afronta aos direitos pessoais do devedor, porém, sabe-se que naquele contexto histórico isso era possível e aceitável.

Ao longo do tempo foi-se construindo uma tentativa de se reduzir o impacto que a inadimplência e a insolvência traziam para o mercado e para as pessoas. Isso tudo em razão de que as atividades empresariais implicam grande impacto econômico, exatamente porque uma atividade empresarial afetada financeiramente não é algo simples dentro de uma economia equilibrada e, sem dúvida, é preciso que haja, na estrutura econômica de um país, empresas sólidas e que tenham condições financeiras e econômicas de manter o próprio equilíbrio desse mesmo mercado pois, dentro dessa perspectiva, uma empresa em dívidas pode acabar por contaminar toda a órbita de negócios e vários interesses dos mais diversos, como interesses trabalhistas, dos credores, dos clientes, do fisco etc.

Não é demais lembrar também que a falência é uma ideia que advém de uma **coletividade** em razão de que o impacto social, dentro de uma perspectiva econômica, reverbera em várias partes da sociedade, apesar de aparentemente ser derivado de um ramo do direito privado. O caráter público da falência se acentua na proteção que o Estado, através do legislador e do Poder Judiciário, entrega para algumas categorias hipossuficientes perante o poderio econômico das empresas.

Com essas premissas iniciais já podemos construir uma noção do significado do princípio da *pars conditio creditorum*, o qual indica o dever de igualdade de condições entre os credores, ou seja, o polo central da falência é justamente tratar de modo igual os iguais, e os desiguais, desigualmente, na medida de suas desigualdades. Vale dizer que, na reunião de todos os credores daquele devedor, eles devem ser tratados de acordo com a natureza jurídica de seu crédito, que será categorizado e satisfeito na ordem de sua preferência, pois o legislador elege determinadas categorias de credores como preeminentes em detrimento de outros, conforme a essencialidade na natureza jurídica do crédito.

Veremos mais adiante quais são os institutos e procedimentos que têm aplicabilidade no princípio da *pars conditio creditorum*. Isso porque, ao longo de toda a Lei n. 11.101, de 9 de fevereiro de 2005 (Brasil, 2005), existem várias passagens que confirmam esse princípio, por exemplo, o Juízo Universal de Falência em que, basicamente, reúnem-se em um único juízo todas as ações e execuções perante o devedor, bem como a classificação dos credores havida na lei, pois é nela que o legislador elenca quais são aqueles credores que têm preeminência sobre outros – ou seja, quais são aqueles credores que irão receber primeiro e por quê.

Assim, a essência do instituto da falência e do princípio da *pars conditio creditorum* é alocar todos os credores em um rol (quadro geral de credores), categorizá-los em razão de sua natureza jurídica e realizar a satisfação dos créditos, de modo residual, considerando-se a essencialidade daquele direito consolidado.

— 1.1.1 —
Momentos da aplicabilidade do princípio

Importante é a identificação do momento em que o princípio da *pars conditio creditorum* deve ser aplicado. A relevância dessa descoberta se dá para que não haja confusão nos momentos diversos de tramitação do processo de falência e também quanto à modalidade de falência, ou seja: a) falência derivada da convolação da recuperação judicial; b) autofalência; c) falência requerida por algum credor.

Todos os credores vislumbram em seus direitos creditórios a necessidade de satisfazê-los, o que é natural. Isso porque todas as obrigações têm a característica da transitoriedade, ou seja, nascem para ser extintas e o seu pagamento é o caminho natural. A impontualidade é algo previsível no mercado, mas não desejada. O que se espera é que o devedor honre suas dívidas no vencimento delas. Com isso, é normal que os credores sintam a necessidade de sair em busca dessa satisfação. O que o processo falimentar faz é colocar em ordem essa busca em razão da coletividade diante da singularidade do devedor. A falência vem para trazer a segurança jurídica de que o Estado-Juiz tentará satisfazer ao máximo o maior número de credores possível e, por isso, necessita ordená-los em um processo judicial.

Em se tratando de **convolação em falência** é preciso ter em mente que um procedimento de recuperação se divide em três fases: 1) a fase **postulatória**, em que o devedor reconhece sua situação de crise econômica e requer em juízo a possibilidade de apresentar um plano de recuperação judicial; 2) a fase **deliberativa ou decisória**, que implica a submissão do plano apresentado aos credores para a devida aprovação, modificação ou rejeição do plano apresentado; 3) a fase **executória**, momento em que o devedor cumpre as obrigações pelas quais se comprometeu no plano de recuperação. Todas essas fases, caso não sejam superadas, levam à convolação em falência e, possivelmente, os credores já estarão reunidos no processo.

A depender da fase em que for convolada a recuperação em falência, inicia-se a aplicação do princípio. São quatro possibilidades de convolação determinada pela Lei n. 11.101/2005: 1) por deliberação da assembleia geral de credores; 2) pela não apresentação, pelo devedor, do plano de recuperação no prazo de 60 dias; 3) quando houver sido rejeitado o plano de recuperação; 4) por descumprimento de qualquer obrigação assumida no plano de recuperação. Portanto, nessas quatro possibilidades de convolação da recuperação em falência, no momento da decretação, haverá a incidência do referido princípio.

Quando houver pedido de **autofalência**, ou seja, quando o próprio empresário devedor identifica sua inviabilidade econômica e financeira e não é o caso de recuperação judicial ou ele não atende os requisitos para isso, o princípio já tem aplicação imediata, pois uma das exigências da Lei n. 11.101/2005 para que o juiz receba o pedido é a indicação da relação nominal dos credores, indicando endereço, importância, natureza e classificação dos respectivos créditos, de acordo com o art. 105 da mesma lei. Assim, é certo que já a partir dessa indicação se permite a aplicação da *pars conditio creditorum* entre os credores inicialmente indicados, sendo que, conforme o processo falimentar avance e novos credores sejam identificados, serão alocados na lista de crédito e sobre eles incidirá a aplicação do princípio da isonomia, o qual, não se olvida, é absolutamente necessário para o fim de atingir um processo justo e equânime.

No caso de **falência requerida por algum credor**, a aplicabilidade do princípio da *pars conditio creditorum* tem início na ocasião da decretação da falência, e não no momento do seu pedido. Isso porque o devedor ainda pode responder tentando elidir a presunção de insolvência, ao apresentar um depósito do valor integral requerido pelo devedor, ocasião em que não haverá falência, em razão da supressão daquela presunção, ou ainda, ao apresentar contestação alegando alguma inconformidade do título que baseia o pedido de falência – caso em que poderá não haver falência se a contestação for idônea o suficiente para afastar a presunção de insolvência e o pedido de falência.

Porém, se houver decretação de falência em razão da situação de absoluta inviabilidade econômica e financeira do devedor, ante sua impontualidade e/ou prática de atos de falência, o princípio terá aplicação imediata, pois é nesse momento processual que a execução concursal terá início e o prosseguimento do processo falimentar culminará na identificação e classificação de todos os credores, além da necessidade de se levantar todos os bens do devedor, com o intuito de que se satisfaça o máximo possível de créditos inadimplidos, para, ao fim, encerrar a falência.

Igualdade entre credores

A ideia de igualdade, em um primeiro olhar, parece ser algo simples de ser implementado. Entretanto, se a igualdade for levada às últimas consequências, se forem tratados os iguais sem distinção dos desiguais, é possível haver efetivas situações de desigualdade. E é exatamente isso que o legislador pretende evitar. Conforme veremos a seguir, o ideal da igualdade não é algo tão fácil e simples de se implementar, todavia, com determinados critérios, pode ser aplicado no grau máximo possível.

Considerando que o principal escopo de uma falência é minimizar o impacto econômico que a extinção de uma empresa causa na sociedade como um todo, na tentativa de minorar os efeitos deletérios na vida das pessoas naturais e jurídicas, é necessário reunir os credores em condições de paridade, categorizá-los e criar uma ordem dentro daquele caos instaurado com a decretação judicial da falência.

Por meio da utilização de critérios é que será demonstrada a aplicabilidade da igualdade[1]. Tais critérios serão utilizados com o propósito de que se crie uma dimensão didática a identificar algo que padece de subjetivismo intrínseco à própria condição de igualdade.

— 1.1.2 —
Aplicabilidade dos critérios

O primeiro critério a ser analisado é a pluralidade de **sujeitos**. É preciso ter em conta que só há pertinência em discutir igualdade quando se trata de uma coletividade, pois não haverá razão

---

1 Esses critérios foram inspirados nas lições de Humberto Ávila. Para saber mais, consulte: Ávila, 2008.

alguma para diferenciar alguém quando há uma singularidade. Por mais óbvio que isso possa parecer, a pluralidade é requisito essencial para se trazer igualdade, visto que as diferenças só surgirão no embate de ideias plurais.

Devemos notar que, com a falência decretada, surgirá uma pluralidade de credores com os mais diversos interesses, sendo com base nessas diferenças que o tratamento igual é absolutamente imprescindível para alocar cada interesse em seu lugar. A igualdade só faz sentido na pluralidade.

Mas essa pluralidade deve se relacionar com as **medidas de comparação**, ou seja, com a análise da natureza jurídica dos créditos que acompanham os sujeitos credores. Assim, devem ser medidos comparativamente os créditos que serão categorizados de acordo com o que prevê a Lei n. 11.101/2005.

Outra relação necessária para a obtenção de igualdade é conectar a **finalidade da medida de comparação** com os sujeitos credores. Isso porque o legislador elenca quais são os créditos que terão preferência sobre os demais, em razão da natureza jurídica. Vale destacar que a finalidade é dissolver os nefastos impactos econômicos para aqueles credores com maiores necessidades e vulnerabilidades.

Para tratar de modo igual em um processo falimentar deve-se analisar a pluralidade dos **credores** (sujeitos), a **natureza jurídica** dos seus créditos (medida de comparação) e a atribuição de **preferência legal** em razão da essencialidade do crédito considerado (finalidade da medida de comparação).

Mas é necessária atenção na dimensão da **desigualdade**. Ainda que haja pluralidade de sujeitos conectados por uma medida de comparação para atender uma finalidade, é preciso aplicar os mesmos critérios, buscando-se, agora, a **desigualdade**, que é uma forma de respeitar credores que se encontram catalogados em categorias de créditos diferentes, ou seja, há um tratamento inicialmente desigual em credores com preferência em cotejo com outras categorias. Porém, identificados os sujeitos dentro de uma mesma categoria, o tratamento não pode ser outro senão o de **igualdade**.

Com base nesses critérios, a aplicabilidade da igualdade se dará analisando as diferenças daquela pluralidade em razão das medidas de comparação, com o fim especial de identificação da natureza jurídica essencial dos credores e, feito isso, tratando de modo igual os credores em categorias iguais e de modo desigual os de categorias desiguais.

— 1.2 —
O estado de insolvência do credor

Nenhum empreendimento nasce com intuito de obter fracasso. Isso é por demais óbvio, mas todas as obviedades precisam ser explicadas. As pessoas acreditam em seus empreendimentos e em sua atividade empresarial. É natural do ser humano acreditar em sua força empreendedora e na crença de que obterá sucesso em suas atividades empresariais.

O próprio conceito legal de *empresário* traz consigo a ideia de atividade profissional organizada a impor uma atuação, no mínimo, responsável e consistente com a economia e o mercado. Isso porque as empresas representam para o Estado e para qualquer governo uma parcela significativa de desenvolvimento social e merecem tutela e incentivos estatais à medida de sua pertinência para a criação de postos de trabalho, a circulação de riquezas e a geração de tributos, entre outras tantas situações jurídicas relevantes para a população em geral (escolas, hospitais, supermercados, shoppings etc.).

No entanto, em razão das adversidades e das incertezas que o mercado e a economia contêm como obstáculos ao desenvolvimento e das dificuldades intrínsecas de cada atividade, o empresariado luta nesse ambiente com todas as suas forças. Enfrenta, por exemplo, a concorrência selvagem do mercado, a alta carga tributária cada vez mais pesada, a obsolescência dos produtos e serviços, entre outros fatores – desse modo, a atividade desenvolvida pode padecer ao longo do tempo.

Isso quer dizer que os riscos inerentes à atividade empresarial estão sempre presentes a desafiar a atividade empresarial e dificultar o caminhar sadio do equilíbrio financeiro e econômico das empresas, salvo, evidentemente, aquelas pouquíssimas situações em que as empresas detêm algum produto ou serviço monopolizados, mas ainda assim o risco permanece presente.

Todas essas adversidades e incertezas podem conduzir a atividade empresarial para uma situação de **insolvência** a contaminar a continuidade no mercado em que se localiza. O que é preciso descortinar é a força com que essa insolvência reverberará na atividade empresarial, pois, dependendo de sua qualidade (relativa ou absoluta), poderá ferir de morte a empresa e significará, ao final de tudo, um grande dissabor para a economia de qualquer país.

A insolvência deve ser medida ante a sua separação em distintas qualidades, vale dizer, em relativa e absoluta. A insolvência será **relativa** quando for momentânea, envolvendo um momento passageiro na vida da empresa, pois a análise deve ser feita com o contexto econômico inteiro da atividade e se se traduz em problemas financeiros pontuais de fluxo de caixa que podem ser resolvidos com o faturamento futuro ou com o acervo patrimonial dessa empresa. Aqui pode ser o caso de recuperação judicial ou extrajudicial. A insolvência **absoluta** se dá na medida em que não há como a empresa saldar seus compromissos com o faturamento que tem e com os bens componentes de seu acervo patrimonial, de modo a dar continuidade em suas atividades empresariais. Aqui pode ser o caso de falência.

Devemos notar que a insolvência será presumidamente absoluta até o momento em que o juiz decretar o estado de insolvência com a sentença de quebra. Até que isso ocorra, pairará sobre o devedor a presunção *iuris tantum* de sua insolvência, que poderá ser afastada com a possibilidade de realizar o depósito elisivo dessa presunção ou com o exercício efetivo do contraditório com as modalidades de resposta do devedor.

A insolvência deve ser conectada com o exame das viabilidades da atividade empresarial. Por vezes a insolvabilidade ainda pode ser afastada quando em cotejo com a viabilidade econômica e financeira a permitir a continuidade da atividade econômica desenvolvida pelo devedor. Explica-se: a insolvência pode derivar de inúmeras situações oriundas das operações da empresa e pode ser afastada com uma atuação mais contundente dos empresários no comando da atividade. A conexão da empresa com a viabilidade se dará de modo que ela encontre no mercado em que atua o caminho para estabilizar sua solvência e arrefecer a inviabilidade financeira, ou seja, no contexto mercadológico em que está inserida, ela buscará o equilíbrio necessário para continuar suas atividades.

Assim, para melhor compreender essas relações é que julgamos necessário pôr a descoberto o papel das (in)viabilidades econômica e financeira da atividade empresarial desenvolvida.

— 1.2.1 —
(In)viabilidade econômica

A viabilidade econômica está atrelada ao mercado em que atua a empresa considerada, ou seja, haverá viabilidade econômica se houver espaço para o desenvolvimento da produção dos produtos ou serviços que a empresa oferece. Por essa razão, mais uma vez, se evoca o conceito legal de *empresário* a exigir profissionalismo do sujeito empreendedor. O mercado em que a empresa atuará, e que revelará sua viabilidade econômica, dever ser estudado e avaliado antes mesmo do início das atividades, pois será desse mercado que ela tirará seus frutos e sucesso. Do contrário, sem mercado, não haverá espaço para o desenvolvimento e a atividade empresarial sequer deveria ter início.

Esse mercado poderá significar a vida ou a morte da atividade empresarial. É preciso estar sempre atento às as pressões e nuances desse mercado, sob pena de padecer de inviabilidade econômica. São muitas as possibilidade de perda de mercado a assombrar a atividade empresarial. Pode-se elencar, especialmente: a concorrência natural e desleal minando o potencial da empresa; a perda superveniente de relevância de seus produtos ou serviços diante de novidades tecnológicas conhecidas como *obsolescência*[12]; as perdas financeiras ante decisões negociais equivocadas e que implicam prejuízos reiterados da atividade empresarial.

Devemos destacar que a inviabilidade econômica não será declarada pelo juiz ou pelo mercado. O que ocorrerá, uma vez evidente a inviabilidade econômica, é a constatação de sua perda ou redução, o que influenciará na aplicabilidade de eventual recuperação, ou decretação de falência da empresa.

Ainda, é preciso que seja feita a referência da conexão da viabilidade econômica com a viabilidade financeira como fatores determinantes para o caminho de recuperação ou falência da empresa, vale dizer, havendo viabilidade econômica, poderá ser retomada

---

2   Algo tecnologicamente mais avançado que torna inútil ou sem uso o que se oferece.

a viabilidade financeira com a recuperação. Não havendo viabilidade econômica e financeira, o caminho é o da falência.

— 1.2.2 —
(In)viabilidade financeira

O equilíbrio entre o que a empresa contabiliza como acervo patrimonial líquido e imobilizado e o passivo pode ser considerado como viabilidade financeira. É quase uma lógica matemática a revelar a viabilidade de uma empresa, ou seja, haverá viabilidade financeira se o ativo for maior do que o passivo.

A noção do que significa **ativo** está na situação da soma de todos os bens e direitos que a empresa possui. Há uma ligação estreita com o conceito de *estabelecimento empresarial* que, de acordo com o art. 1242 do Código Civil, Lei n. 10.406, de 11 de janeiro de 2002 (Brasil, 2002), é o complexo de bens organizado para o exercício da empresa. Assim, ativo é o conjunto de todos esses bens e direitos aptos a saldar as dívidas quando for exigido.

É importante destacar que o estabelecimento empresarial é uma universalidade de direitos que compreendem toda uma gama de possibilidades, inclusive a matéria-prima para a produção de bens e serviços.

De outro lado, tem-se o passivo da empresa, que pode ser entendido como tudo aquilo que seja utilizado para se produzir os produtos ou serviços oferecidos naquele mercado. Nesse contexto encontram-se os fornecedores, os trabalhadores, os tributos, os insumos, ou seja, tudo o que se gasta para obtenção do que se colocará no mercado.

O que toda atividade empresarial busca é a situação ideal em que o ativo suplanta o passivo e faz surgir o lucro, que é o que toda empresa deseja obter.

A inviabilidade financeira surge quando o que se tem de passivo ultrapassa o ativo de modo a não mais possibilitar o equilíbrio dessas duas grandezas.

Todas as noções até aqui vistas serão absolutamente pertinentes para se caracterizar o estado falimentar de uma atividade empresarial ou para permitir a retomada da viabilidade com um pedido de recuperação judicial ou extrajudicial.

— 1.3 —
A caracterização do estado falimentar

O equilíbrio entre a viabilidade financeira e a viabilidade econômica demonstra a saúde e o sucesso da empresa. Vale dizer, se a empresa tem um mercado atuante e consegue, por meio do seu faturamento, ter lucro, seguramente deverá continuar no mercado.

Assim, para que seja caracterizado o estado falimentar de uma empresa é necessário que se visualize uma série de situações jurídicas e econômicas que revelam a situação patrimonial em que está inserida a atividade empresarial. Além disso, também é preciso que haja uma análise do mercado em que a empresa oferece seus produtos e serviços, para então ser possível obter a exata dimensão do estado falimentar. Não é tarefa das mais simples.

A dificuldade maior enfrentada está na identificação do que revelará, de modo definitivo, o estado falimentar. Não é algo que o juiz vai declarar ao decretar a falência, pois isso estará implícito. O que se tem são presunções desse estado e que se confirmarão no momento da promulgação da sentença.

É salutar ressaltar que as presunções podem ser conceituadas como aquelas situações em que, tomadas **determinadas condições** (algo conhecido), a **realidade** (algo provável) é pressuposta, verossímil. São duas as modalidades de presunção: 1) aquela que admite prova em contrário de sua verossimilhança (*iuris tantum*); 2) aquela em que a presunção é absoluta e não admite prova em contrário (*iuri est de iuri*).

As situações elencadas pela Lei n. 11.101/2005, no art. 94, se encaixam como aquelas **determinadas condições** e são da modalidade *iuris tantum*, pois o devedor pode se defender no prazo de dez dias a partir de pedido de sua falência e afastar a presunção com o seu comportamento processual. Devemos observar que, se não for possível elidir a presunção, aquilo que era provável se concretiza em insolvência e inviabilidade.

A legislação separa as hipóteses de se reconhecer o estado falimentar em **impontualidade** e **atos de falência**. Essas hipóteses serão examinadas a seguir, assim como, também oportunamente, os comportamentos processuais do devedor que poderão elidir a presunção de insolvência e inviabilidade.

— 1.3.1 —
A impontualidade do devedor

Impontualidade é algo comum na vida das empresas. As dificuldades de se concatenar todas as hipóteses de recebimentos, prazos, atrasos, pagamentos, fornecedores etc. contribuem para que as obrigações não sejam satisfeitas em seu termo. O direito sempre apresentou resposta/tutela para essas situações jurídicas, criando regras obrigacionais para quando fosse necessário impor às partes que cumpram com o que se comprometeram.

As obrigações têm a característica principal da transitoriedade, vale dizer, nascem para ser extintas. A extinção da obrigação, em regra, se dá com sua satisfação, e por essa razão elas são transitórias. É com a anormalidade da conduta do obrigado que as coisas deixam de se realizar. Surge aí a chamada *impontualidade*, que é o não pagamento de obrigação que deveria ser extinta (satisfeita) no seu termo.

O que devemos identificar é qual qualidade dessas obrigações será reveladora da presunção de inviabilidade que paira sobre o devedor, sendo capaz de conduzir esse devedor ao estado falimentar. Não se trata de qualquer impontualidade, qualquer atraso no pagamento de dívidas. É preciso uma qualificação na obrigação que tenha força de extinguir a atividade empresarial, em razão de todos os custos sociais e econômicos de uma falência, ou seja, os deletérios efeitos de uma falência não podem se dar com base em qualquer dívida/obrigação.

As qualidades que a obrigação deve reunir estão previstas no art. 94, incisos I e II, da Lei n. 11.101/2005, nos seguintes termos prescritos: obrigação líquida materializada em título ou títulos executivos protestados cuja soma ultrapasse o equivalente a 40 (quarenta) salários-mínimos na data do pedido de falência (inciso I) e executado, o devedor, por qualquer quantia líquida, não paga, não deposita e não nomeia à penhora bens suficientes dentro do prazo legal (inciso II).

O que se pode extrair da dicção da referida lei é que, para o caso do inciso I, a obrigação deve ser, antes de tudo, protestada, que é o ato que constitui em mora o devedor de modo público e inequívoco. Isso ocorre em razão de que não devem pairar dúvidas sobre a exigibilidade do título e a oportunidade de o devedor saldar a dívida na via administrativa; outro requisito previsto no mesmo inciso é a necessidade de que o título protestado exiba valor superior a 40 salários-mínimos. É importante registrar que essa exigência de valor é para evitar a banalização do instituto falimentar, pois se trata de quantia que, indubitavelmente, presume inviabilidade financeira.[13] Essas são as qualidades mínimas que o legislador indica como suficientes para revelar a presunção de inviabilidade e insolvência do devedor.

---

3   A jurisprudência do STJ (Supremo Tribunal de Justiça) tem rechaçado a prática de substituição da via judicial legalmente prevista para satisfação de pretensão creditícia (execução) pelo requerimento de falência, não admitindo que a ação falimentar sirva como instrumento de coação para cobrança de dívidas. Precedentes. 7 – Recurso especial não provido. REsp [Recurso Especial] 1633271/PR, Rel. [Relatora] Ministra NANCY ANDRIGHI, TERCEIRA TURMA, julgado em 26/09/2017, DJe [Diário da Justiça eletrônico] 29/09/2017.

No que se refere ao inciso II, o legislador prescreve que a qualidade da obrigação se traduzirá em um processo judicial executório singular frustrado. Ou seja, para embasar uma falência, sob o aspecto de qualquer valor, é preciso que ela tenha sido exigida em um juízo de execução e não tenha sido satisfeita, quando o devedor foi intimado a assim fazê-lo, ou, ainda, não tenha o devedor garantido o juízo da execução com a indicação de bens dentro do prazo processual fixado. Essas circunstâncias militam em desfavor do devedor na medida em que revelam a presunção da insolvência e/ou a inviabilidade econômica, vale dizer, se o devedor demonstra que não consegue saldar uma dívida líquida, ainda que inferior a 40 salários-mínimos, por certo também não conseguirá arcar com obrigações mais vultuosas.

Destacamos que alguns doutrinadores entendem que o inciso II trata de ato de falência e não de impontualidade. Entretanto, com todo o respeito a quem defende essa corrente, caso o devedor pague a dívida em execução singular, não haverá falência, pois isso sequer possibilitaria que fosse requerida em juízo a quebra da empresa. A questão é mais simples, ou seja, a execução frustrada é caso de impontualidade dupla, vale dizer, o não pagamento do título ao credor (impontualidade) e o não pagamento em juízo (impontualidade) pelo devedor.

Essas são as hipóteses de impontualidade atreladas à presunção de insolvabilidade que, após o exercício do contraditório, poderão ser elididas com o depósito do montante integral ou a defesa da inidoneidade do título no momento da contestação.

— 1.3.2 —
Os atos de falência

É possível ainda identificar algumas práticas do devedor como reveladoras da situação de presumida insolvência. Algumas circunstâncias podem traduzir a conduta do devedor como impertinentes para o equilíbrio econômico-financeiro e que podem conduzir ao estado falimentar. Tais práticas estão previstas no inciso III do art. 94 da Lei n. 11.101/2005, nesta ordem: a) procede à liquidação precipitada de seus ativos ou lança mão de meio ruinoso ou fraudulento para realizar pagamentos; b) realiza ou, por atos inequívocos, tenta realizar, com o objetivo de retardar pagamentos ou fraudar credores, negócio simulado ou alienação de parte ou da totalidade de seu ativo a terceiro, credor ou não; c) transfere estabelecimento a terceiro, credor ou não, sem o consentimento de todos os credores e sem ficar com bens suficientes para solver seu passivo; d) simula a transferência de seu principal estabelecimento com o objetivo de burlar a legislação ou a fiscalização ou para prejudicar credor; e) dá ou reforça garantia a credor por dívida contraída anteriormente sem ficar com bens livres e desembaraçados suficientes para saldar seu passivo; f) ausenta-se sem deixar representante habilitado e com recursos suficientes para pagar os credores, abandona estabelecimento ou tenta ocultar-se de seu domicílio, do local de sua sede ou de seu principal estabelecimento; g) deixa de cumprir, no prazo estabelecido, obrigação assumida no plano de recuperação judicial.

Como é possível extrair da prática desses atos, o que o legislador quis demonstrar é que qualquer devedor que tenha assim se comportado deve causar prejuízos aos credores envolvidos nessas relações jurídicas e que sugerem um estado falimentar presumido. Dessa forma, qualquer credor que tenha condições de demonstrar a efetiva ocorrência desses atos pode requerer em juízo a falência do devedor.

— 1.4 —
A possibilidade de autofalência

Uma das possibilidades de encerramento regular da atividade empresarial dá-se quando o devedor requer a decretação de sua própria falência. A questão que surge é identificar qual seria a razão de tal pedido ante a extinção da atividade empresarial e a indisponibilidade da administração e dos bens do devedor. Para entender essa decisão, é preciso termos em mente que a situação jurídica daquele devedor pode não ser sustentável sob uma perspectiva **subjetiva** e **objetiva**.

O devedor pode não mais querer submeter-se às pressões do mercado, dos fornecedores, dos trabalhadores, que se transformaram em credores e exercem cobranças e tomadas de posição que podem causar sérios transtornos ao devedor. É a dimensão subjetiva da decisão de se requerer autofalência.

Objetivamente, a autofalência é a possibilidade de o devedor entender que não mais poderá conduzir sua empresa sem causar mais prejuízos aos credores e a si mesmo, em face da identificação de sua inviabilidade econômica e financeira com a análise de seus números contábeis e que serão necessários para a instrução do pedido em juízo.

Obviamente essa não é a decisão mais fácil de ser tomada, porém pode ser absolutamente necessária para estancar maiores sangrias nefastas para toda uma coletividade envolvida. Por vezes, ainda que seja algo indesejado e sinônimo de insucesso, a autofalência pode ser vista como uma solução lógica do devedor responsável e consciente de seu papel na sociedade.

— 1.4.1 —
Pressupostos e demonstração da situação de crise

A legislação sugere que o devedor avalie se, antes de requerer a autofalência, não é o caso de ser requerida a recuperação judicial ou extrajudicial. Isso porque o instituto da recuperação é um mecanismo de preservação da atividade econômica desenvolvida e que pode significar a manutenção dos interesses sociais e econômicos que circundam a empresa. O custo social e econômico de uma falência ultrapassa os limites dos interesses diretamente envolvidos e atinge relações jurídicas e interesses, ainda que de forma indireta. A perda dos postos de trabalho, a circulação de riquezas e a geração de tributos extrapolam os interesses individuais dos envolvidos e implicam proteção coletiva. Daí a sugestão do legislador em tentar preservar a atividade empresarial antes do pedido de autofalência.

No entanto, não sendo possível a recuperação em razão dos requisitos do art. 48 da Lei n. 11.101/2005 ou entendendo o devedor que a atividade empresarial não se sustenta de modo subjetivo ou objetivo, ele deve buscar a via judicial para o encerramento de suas atividades e tentar satisfazer no grau máximo o maior número de credores possível. O Superior Tribunal de Justiça (STJ), acertadamente, assim já decidiu:

[...]

3 – Caso se verifique a inviabilidade da manutenção da atividade produtiva e dos interesses correlatos (trabalhistas, fiscais, creditícios etc.), a própria Lei de Falências e Recuperação de Empresas impõe a promoção imediata de sua liquidação – sem que isso implique violação ao princípio da preservação empresa, inserto em seu art. 47 – mediante um procedimento que se propõe célere e eficiente, no intuito de se evitar o agravamento da situação, sobretudo, dos já lesados direitos de credores e empregados.

4 – O Tribunal de origem, soberano na análise do acervo fático-probatório que integra o processo, reconheceu, no particular, que: (i) o princípio da preservação da empresa foi respeitado; (ii) a recorrente não possui condições econômicas e financeiras para manter sua atividade; (iii) não existem, nos autos, quaisquer elementos que demonstrem a ocorrência de nulidade dos votos proferidos na assembleia de credores;

(iv) nenhuma das obrigações constantes do plano de recuperação judicial apresentado pela devedora foi cumprida.

[...]

6 – Recurso especial não provido.[14]

É necessária, para o requerimento de autofalência, atenção às informações relativas ao estado contábil, econômico e financeiro da empresa. Essas informações serão traduzidas nas demonstrações contábeis referentes aos três últimos exercícios sociais e as levantadas especialmente para instruir o pedido, confeccionadas com estrita observância da legislação societária aplicável e compostas obrigatoriamente de: a) balanço patrimonial; b) demonstração de resultados acumulados; c) demonstração do resultado desde o último exercício social; d) relatório do fluxo de caixa. Além dessa documentação, será necessário que o devedor junte, ainda, os livros obrigatórios e documentos contábeis que lhe forem exigidos por lei. Essa documentação, que obviamente deverá ser idônea, servirá para que o juiz possa ter uma dimensão do desequilíbrio financeiro e econômico do devedor.

Também é imprescindível a constatação da presença de todos os elementos aptos ao início de um processo judicial de falência. Vale dizer que deve haver prova da condição de empresário, contrato social ou estatuto em vigor ou, se não houver, a indicação

---

4 REsp [Recurso Especial] 1299981/SP, Rel. [Relatora] Ministra NANCY ANDRIGHI, TERCEIRA TURMA, julgado em 11/06/2013, DJe [Diário da Justiça Eletrônico] 16/09/2013.

de todos os sócios, seus endereços e a relação de seus bens pessoais, bem como a relação de seus administradores nos últimos cinco anos, com os respectivos endereços, suas funções e participação societária. Com a apresentação dessa documentação, o juízo falimentar tem condições de identificar e atribuir responsabilidades aos agentes daquela atividade empresarial e proteger os credores, para um começo de processo saudável e que tenha o desejável fim especial de extinguir a empresa do modo menos prejudicial possível.

O devedor também deve fazer a relação nominal dos credores, indicando endereço, importância, natureza e classificação dos respectivos créditos. Essa relação dará uma dimensão inicial do tamanho que o processo terá e tem a função de iniciar a execução concursal e a aplicação do princípio da *pars conditio creditorum*.

Ainda, mas não menos relevante, o devedor precisa relacionar bens e direitos que compõem o ativo, com a respectiva estimativa de valor e os documentos comprobatórios de propriedade. Isso vai aclarar a dimensão patrimonial do devedor e será possível ter uma inicial estimativa das forças da empresa devedora falida com a potencial satisfação de um maior número de credores.

Devemos observar que a autofalência é uma maneira de extinguir a empresa que deve ser enxergada como algo responsável e consciente do devedor e, uma vez decretada, deverá seguir o mesmo caminho de falência requerida pelo credor, com todas as mesmas implicações e circunstâncias legais aplicáveis.

— 1.4.2 —
Empresário irregular

Há uma discussão doutrinária sobre a possibilidade de o empresário irregular requerer sua autofalência. Isso porque se analisa se aquele que não registra seus atos constitutivos no órgão responsável, como preconiza o art. 967 do Código Civil brasileiro, Lei n. 10.406/2002[15], antes do início das atividades, pode se beneficiar do encerramento regular de sua atividade mesmo se tratando de empresário irregular.

Aqueles que defendem a impossibilidade de autofalência de empresário irregular fundamentam-se na Lei n. 11.101/2005, no que dizem as exigências contidas no art. 105 que requerem apresentação de prova da condição de empresário – somente o empresário regular poderia produzir essa prova –, além da documentação contábil. Documentação de difícil obtenção para quem está em situação irregular.

Há quem entenda que o próprio inciso IV do art. 105 da Lei n. 11.101/2005, na parte final, permite a supressão das provas de condição de empresário. Devemos notar que a dicção da lei é no sentido de que é necessária a prova da condição de empresário, contrato social ou estatuto em vigor, mas permite, se isso não houver, a indicação de todos os sócios, seus endereços

---

5 Art. 967 da Lei n. 10.406/2002: "Art. 967. É obrigatória a inscrição do empresário no Registro Público de Empresas Mercantis da respectiva sede, antes do início de sua atividade".

e a relação de seus bens pessoais, como uma possibilidade do irregular requerer a autofalência.

Essas duas possibilidades têm fundamento e devem ser levadas em consideração nessa situação hipotética. Porém, como já dito, a falência significa um impacto negativo na sociedade e na economia, mas também significa a extinção de uma atividade empresarial que está gerando potenciais prejuízos para aqueles que contratam com o devedor. Desse modo, ainda que sejam deletérios os efeitos de uma falência, é melhor que a atividade empresária irregular cesse para não mais causar danos para aqueles que se evolveram com tal atividade.

— 1.5 —
Os comportamentos do devedor

Como já destacamos, o simples requerimento não significa falência automática, pois é preciso permitir que o devedor apresente defesa quanto à presunção *iuris tantum* de sua inviabilidade e insolvabilidade. O devedor falimentar, como qualquer outra parte ré de qualquer processo judicial, tem o direito fundamental do contraditório, que se traduz no direito de ciência da demanda judicial e da possibilidade de reação (resposta) ao pedido de quebra.

O exercício do contraditório se faz pertinente ante a situação de presunção que milita em desfavor do devedor. A depender do comportamento processual, os efeitos do pedido serão distintos. Por essas razões é que é necessário oportunizar a resposta para que haja o chamado *processo falimentar*, ou seja, para que se possa extinguir a atividade empresarial com a falência, é preciso respeitar o contraditório e todas as garantias processuais modernas.

Portanto, analisaremos as hipóteses de resposta do devedor quando ele é citado para apresentar as razões de sua impontualidade ou de seus atos falimentares, momento em que poderá elidir a presunção de insolvência e inviabilidade que pairam sobre si.

— 1.5.1 —
Modos de se evitar a falência

A lei permite que o devedor, no prazo da contestação, possa depositar o valor correspondente ao total do crédito, acrescido de correção monetária, juros, honorários advocatícios, além das despesas processuais[16]. É o chamado *depósito elisivo* da falência, que tem por escopo afastar o risco de falência e, também, a presunção de inviabilidade.

Quando assim se comporta, o devedor demonstra que a situação de presumida insolvência não se concretizou e que mantém o controle financeiro da atividade empresarial.

Nesse caso, como podemos inferir, não haverá decreto de falência, pois o devedor demonstrou sua viabilidade. Assim

---

6 NO PAGAMENTO EM JUIZO PARA ELIDIR FALÊNCIA, SÃO DEVIDOS CORREÇÃO MONETARIA, JUROS E HONORARIOS DE ADVOGADO. (Súmula 29, SEGUNDA SEÇÃO, julgado em 09/10/1991, DJ 18/10/1991, p. 14591)

o processo deverá ser extinto e o credor levantará o valor depositado com a quitação da dívida.

A segunda possibilidade de resposta do devedor é que, além de realizar o depósito elisivo nos moldes do que vimos nos parágrafos anteriores, ele apresente simultaneamente contestação ao pedido de falência.

A contestação apresentada seguirá os moldes do processo civil normal com as possibilidades próprias da Lei n. 11.101/2005. Assim, o devedor, em sua própria defesa, poderá arguir questões dilatórias e peremptórias no exercício do contraditório, além de precisar observar os princípios da impugnação especificada e da eventualidade.

Nada obstante, poderá o devedor arguir preliminares e prejudiciais de mérito tal qual de praxe em qualquer processo judicial. Por exemplo, poderá arguir incompetência do juízo, falta de citação válida, defeito de representação, inépcia da petição inicial, entre outras questões processuais.

Entretanto, a defesa material deve ser realizada na discussão da impontualidade e no título em que se funda o pedido de falência. Poderá ser contestada inicialmente: a) falsidade de título; b) prescrição; c) nulidade de obrigação ou de título; d) pagamento da dívida; e) qualquer outro fato que extinga ou suspenda obrigação ou não legitime a cobrança de título; f) vício em protesto ou em seu instrumento. Como denota-se, o devedor, na apresentação de sua defesa, contará com a possibilidade de valer-se de diversas teses defensivas, o que evidencia a preocupação do legislador em garantir que a falência apenas recaia sobre o devedor que, efetivamente, encontre-se insolvente, pois ele não se desincumbe de provar eventual defeito de validade ou eficácia do título que fundamenta seu pedido de falência.

Nesse caso de depósito e contestação também não haverá a decretação da falência, pois, com o depósito, o devedor demonstra sua solidez e que se tratou de situação episódica em sua trajetória.

Porém, a decisão do responsável por levantar o depósito (credor ou devedor) dependerá do julgamento da contestação pelo juízo falimentar. Sendo o caso de argumentação idônea com relação ao reconhecimento das hipóteses legais, será o devedor o titular do depósito e será ele o responsável por promover o levantamento da quantia, ao passo que será do credor o ônus da sucumbência.

Para a situação inversa, ou seja, se a contestação não conseguir ser robusta o suficiente para contaminar o título, será o credor responsável por levantar o depósito e o devedor deverá arcar com o ônus da sucumbência, ainda que não seja decretada a falência diante do deposito elisivo realizado.

Na terceira hipótese de resposta, o devedor não deposita o valor, mas contesta a idoneidade do título executivo, pois entende que existem vícios que contaminam esse título e que não são aptos para decretação da falência. A discussão será a mesma abordada nos parágrafos anteriores, porém aqui haverá a possibilidade de decreto falimentar. Isso porque, se as arguições do devedor feitas na contestação forem insuficientes, haverá decretação da falência, pois não há o depósito elisivo para garantir que não haverá a quebra. A contestação inapta sem depósito falência será decretada.

Também pode acontecer uma inação do devedor, pois ele pode não depositar e também não contestar o pedido de falência. Ele deixa transcorrer *in albis* (ou seja, em branco) o prazo fixado para a resposta e, nesse caso, na maioria das vezes, haverá falência.

Pode, no entanto, não ocorrer falência acaso o juízo identifique algum vício passível de reconhecimento de ofício. São as questões de ordem pública que podem ser entendidas como: a) inexistência ou nulidade da citação; b) inépcia da petição inicial; c) perempção; d) litispendência; e) coisa julgada; f) conexão; g) incapacidade da parte, defeito de representação ou falta de autorização; h) ausência de legitimidade ou de interesse processual e, ainda, prescrição quando o título estiver fulminado pelo tempo de seu não exercício.

Caso o juiz detecte alguma dessas circunstâncias processuais, não há decretação de falência e o processo deve ser extinto sem resolução de mérito.

— 1.5.2 —
Modos de requerimento da recuperação

Outra hipótese reside na possibilidade de o devedor requerer recuperação judicial no prazo de dez dias, conforme art. 95 da Lei n. 11.101/2005.

Para que isso seja possível, é preciso que o devedor preencha os requisitos do art. 48 da Lei n. 11.101/2005, ou seja, conforme prescreve lei, poderá requerer recuperação judicial o devedor que, no momento do pedido, exerça regularmente suas atividades há mais de dois anos e que atenda aos seguintes requisitos de não ser falido e, se o foi, estejam declaradas extintas, por sentença transitada em julgado, as responsabilidades daí decorrentes, bem como não ter, há menos de cinco anos, obtido concessão de recuperação judicial e também, não ter, há menos de cinco anos, obtido concessão de recuperação judicial com base no plano especial.

Assim, se o devedor julgar que poderá ter forças para requerer sua recuperação para a superação da situação de crise financeira e suplante as restrições do art. 48 da Lei n. 11.101/2005, a via da recuperação estará disponível.

Capítulo 2

Da legitimidade para a falência

Não é possível que alguém pleiteie direito alheio em nome próprio. Essa é a regra geral para evitar que se tenham ações distribuídas sem a necessária conexão do que se exige em juízo com quem está requerendo ou sendo requerido. O direito invocado em juízo deve estar conectado com o titular desse mesmo direito, seja como pretensão, seja como defesa. Isso quer dizer que se exigirá essa conexão, tanto para ser autor como para ser réu, em qualquer processo judicial.

O mesmo se reproduz com relação aos processos falimentares pois, além da necessária caracterização de legitimidade, outros elementos são imprescindíveis para se postular em juízo a falência de um devedor. Registramos, por oportuno, que não se trata simplesmente de se configurar como autor ou réu em uma falência, mas especialmente da configuração de qualidades específicas para a aplicação da Lei n. 11.101, de 9 de fevereiro de 2005 (Brasil, 2005).

É o que veremos a seguir.

— 2.1 —
Legitimidade ativa

Toda vez que alguém for titular de créditos e não haja a efetiva satisfação desse crédito de modo espontâneo, surge a possibilidade de se bater às portas do Poder Judiciário para que sejam realizados esses direitos. Essa é uma via aberta com o direito fundamental da ação, que exige, como já foi dito, legitimidade para que possa ser aplicado.

Assim, caso o credor reúna essas características mínimas já tem a seu dispor a possibilidade de se socorrer do Poder Judiciário para satisfazer seu crédito.

Porém, caso a intenção seja requerer a falência do devedor, a Lei n. 11.101/2005, a Lei de Falências, é outra via possível para que credores exijam do devedor em juízo seus direitos, desde que, além da legitimidade natural do processo, tenham qualidades específicas para tal fim. Deixamos registrado que, ao optar pela via falencial, o credor deve ter ciência que poderá não ter satisfeito seu crédito de forma integral, pois, a depender de sua colocação no rol de credores, pode ser que não sobrem recursos para isso.

Assim, a reunião de condições específicas para o requerimento de falência, além das mínimas necessárias, pode-se denominar de *legitimidade ativa*. Essa legitimidade ativa deriva de duas circunstâncias específicas chamadas de *impontualidade* e *atos de falência*.

— 2.1.1 —
Credor portador de título superior a 40 salários-mínimos, devidamente protestado

A primeira qualidade específica que deve ser analisada é com relação ao documento que embasa a pretensão, vale dizer, o título que o credor possui deve ser superior a 40 (quarenta) salários-mínimos. Desse modo, além da conexão intersubjetiva de credor e devedor, o título deve ter significativo conteúdo econômico para balizar um pedido de falência, que, conforme já destacamos, implica perda de empregos, renda etc. e não pode ser utilizado de modo a banalizar o instituto.

Esse valor de 40 salários-mínimos não é aleatório. Deriva de construções e interpretações dos tribunais, especialmente porque o Decreto n. 7.661, de 21 de junho de 1945 (Brasil, 1945) – legislação reguladora do processo falencial antes da Lei n. 11.101/2005 de 2005 –, não determinava valor mínimo para se requerer a falência do devedor.

Antes da publicação da Lei n. 11.101/2005, tendo em vista que o Decreto n. 7.661/1945 não previa a existência de limite mínimo do título que fundamenta o pedido de falência, o instituto fora indevidamente utilizado como meio de se conseguir a satisfação de créditos, haja vista que, entre falir e pagar uma dívida pequena, não há dúvidas de que o devedor decidiria por pagá-la. Porém, essa situação subvertia a verdadeira teleologia da falência, que é realizar o pagamento do maior número possível de credores, e não de um crédito específico

A Lei n. 11.101/2005 fixa, definitivamente, como valor mínimo do título que fundamenta um pedido de falência a quantia de 40 (quarenta) salários-mínimos. Esse valor é resultado da presunção de insolvabilidade do devedor que, se não tem forças econômicas para suportar uma quantia ínfima, não terá para valores maiores. Trata-se de identificar a **impontualidade** para a falência.

Para alcançar esse valor mínimo podem reunir-se dois ou mais credores. Isso, entretanto, não implica necessariamente execução concursal, apenas reunião de forças de credores para atingir o valor mínimo, pois a execução concursal somente tem início com a decretação da falência e a alocação de todos os credores daquele falido, como poderemos observar em tópico específico.

Além desse valor mínimo, é necessário que o título seja devidamente protestado. Isso porque o que deseja o legislador é que não pairem dúvidas com relação à constituição em mora do devedor, e isso é levado até as últimas consequências, pois, com base nessa teleologia, o Superior Tribunal de Justiça (STJ) editou a súmula 361,[1] que prescreve que: "A notificação do protesto, para requerimento de falência da empresa devedora, exige a identificação da pessoa que a recebeu".

Essa exigência de identificação de quem recebeu a notificação do protesto se dá em razão de que os efeitos de uma falência são absolutamente nefastos para a sociedade como um todo e, como forma de garantir a segurança jurídica, é na pessoa de quem recebeu a notificação que se trará a certeza de que houve a prévia constituição em mora do devedor,

---

1 A notificação do protesto, para requerimento de falência da empresa devedora, exige a identificação da pessoa que a recebeu. (Súmula 361, SEGUNDA SEÇÃO, julgado em 10/09/2008, DJe [Diário da Justiça eletrônico] 22/09/2008)

— 2.1.2 —
Credor portador de certidão emitida pelo juízo comum em execuções de qualquer valor

É preciso identificar que existem outras circunstâncias que revelam a situação de presumida insolvência do devedor. O que estudamos no tópico anterior foi uma das espécies de **impontualidade** que podem redundar em pedido de falência.

Outra espécie de **impontualidade** que pode legitimar o pedido de falência é aquela em que o credor de título de valor inferior a 40 (quarenta) salários-mínimos promove um processo de execução em um juízo, salientamos, fora da competência falimentar, para satisfazer seu crédito, escolhendo o processo de execução de título executivo extrajudicial para isso.

Porém, o devedor se mantém inerte com relação ao pagamento da quantia exigida ou, ainda, com relação à garantia do juízo. Desse modo, não pairam dúvidas de sua presumida insolvência diante da não satisfação ou garantia de título executivo, ainda que inferior aos quarenta salários-mínimos.

O credor, então munido de uma certidão explicativa da presumida insolvência do devedor perante o juízo da execução, estará apto para requerer a falência no juízo falimentar. O raciocínio é parecido com o anterior, ou seja, se o devedor não tem forças econômicas para suportar valor irrisório, não terá para valores maiores.

O art. 94, inciso III, da Lei n. 11.101/2005 elenca várias possibilidades de legitimação do pedido de falência do credor como consequência de algumas condutas do devedor, as quais, por previsão legal, são consideradas como **atos de falência**, como as apresentadas a seguir identificadas pela lei: 1) procede à liquidação precipitada de seus ativos ou lança mão de meio ruinoso ou fraudulento para realizar pagamentos; 2) realiza ou, por atos inequívocos, tenta realizar, com o objetivo de retardar pagamentos ou fraudar credores, negócio simulado ou alienação de parte ou da totalidade de seu ativo a terceiro, credor ou não; 3) transfere estabelecimento a terceiro, credor ou não, sem o consentimento de todos os credores e sem ficar com bens suficientes para solver seu passivo; 4) simula a transferência de seu principal estabelecimento com o objetivo de burlar a legislação ou a fiscalização ou para prejudicar credor; 5) dá ou reforça garantia a credor por dívida contraída anteriormente sem ficar com bens livres e desembaraçados suficientes para saldar seu passivo; 6) ausenta-se sem deixar representante habilitado e com recursos suficientes para pagar os credores, abandona estabelecimento ou tenta ocultar-se de seu domicílio, do local de sua sede ou de seu principal estabelecimento; 7) deixa de cumprir, no prazo estabelecido, obrigação assumida no plano de recuperação judicial.

Caso identifique a prática de qualquer desses atos considerados como suficientes para amoldarem-se aos **atos de falência**, o credor pode requerer a falência do devedor, pois paira sobre este último a presunção de situação de crise econômica e de possível desequilíbrio financeiro. Essa presunção de insolvência pode ser elidida pelo devedor, quando ele for instado a responder ao pedido de falência.

Muitos desses comportamentos podem ser identificados quando a empresa atravessa uma situação de recuperação judicial. Nesse caso, a própria lei faz a ressalva que não serão considerados atos de falência aqueles previstos no plano de recuperação judicial, em que serão apontados os meios que poderão trazer novamente a solvabilidade e viabilidade financeira de um devedor.

— 2.2 —
Legitimidade passiva

Importante advertir-se que, neste tópico, analisaremos quem pode, efetivamente, figurar como parte requerida em uma ação que requer a decretação da falência.

É necessário ressalvar-se, já de antemão, que não se pode confundir as corriqueiras situações em que determinada pessoa pode figurar como réu em qualquer ação judicial, com a gravosidade que significa ocupar o polo passivo (ser réu) de uma ação que requer a quebra (decretação de falência) de uma empresa. Isso porque a procedência do pedido, neste último caso, ocasionará o encerramento da atividade empresarial com o consequente desfazimento de diversos postos de trabalho, bem como afetará a circulação e a geração de riquezas e tributos, impactando, desse modo, não só o réu, mas toda a sociedade.

Assim, é com esse olhar que faremos o desdobramento desses institutos. Destacamos, por oportuno, que vamos analisar as possibilidades de não sujeição à Lei n. 11.101/2005, conhecidas como *atividades empresariais imunes* ao requerimento de falência ou recuperação judicial ou extrajudicial.

Denomina-se comumente de *imunidade passiva* quando se quer referir às pessoas jurídicas cuja atividade desenvolvida torna impossível a materialização efetiva da falência.

Cabe a nota de que as restrições que serão analisadas servirão para sinalizar seu uso residual, ou seja, é necessário identificar na lei quem é imune para identificar quem não é.

A imunidade referida pode ser separada em duas espécies: 1) absoluta; 2) relativa. Isso porque, como veremos adiante, existem atividades empresariais que não podem figurar em pedido de falência, dada sua natureza jurídica e não se vislumbra nenhuma possibilidade de instauração do procedimento falimentar (absoluta) e, de outro lado, aquelas em que a satisfação dos credores deve ser realizada por meio de liquidação extrajudicial e, não sendo suficiente esse procedimento, deverá ser buscada a via falencial judicial (relativa).

Destacamos que a incidência da Lei de Falências, Lei n. 11.101/2005, é reservada para atividades empresárias que, por mais redundante que possa parecer, podem causar certa confusão com as atividades societárias simples, as quais não se submetem ao regime falencial. A aplicabilidade da Lei de Falência somente em atividades empresárias deriva da situação peculiar das sociedades simples, que não têm por objeto o exercício de atividade própria de empresário sujeito à registro por força do art. 982 do Código Civil, Lei n. 10.406, de 11 de janeiro de 2002 (Brasil, 2002)[12]. Em tempo, as sociedades cooperativas também não se submetem à Lei n. 11.101/2005 por determinação expressa da Lei de Falências e sua interpretação sistemática.

Ainda, por mais óbvio que isso possa parecer, não há possibilidade de falência de pessoa natural, pois, caso haja desequilíbrio na capacidade de saldar dívidas, será por meio de um procedimento de insolvência civil regulamentada pelo Código de Processo Civil, Lei n. 13.105, de 6 de março de 2015 (Brasil, 2015), que se restabelecerá a capacidade econômica e financeira do devedor pessoa natural.

— 2.2.1 —
Dos excluídos da Lei de Falências (imunidades)

As imunidades estão todas previstas no art. 2º da Lei de Falências (Lei n. 11.101/2005). Da análise do referido artigo, é possível perceber que o legislador elencou um número considerável de

---

2 Art. 982. Salvo as exceções expressas, considera-se empresária a sociedade que tem por objeto o exercício de atividade própria de empresário sujeito a registro (art. 967); e, simples, as demais.
Parágrafo único. Independentemente de seu objeto, considera-se empresária a sociedade por ações; e, simples, a cooperativa.

atividades empresariais que estão fora do alcance da falência: a) empresa pública; b) sociedade de economia mista; c) instituição financeira pública ou privada; d) cooperativa de crédito; e) consórcio; f) entidade de previdência complementar; g) sociedade operadora de plano de assistência à saúde; h) sociedade seguradora; i) sociedade de capitalização e; j) outras entidades legalmente equiparadas às anteriores.

A Lei de Falências, nesse sentido, não faz a separação das imunidades absolutas e relativas e, por isso, esse será o próximo assunto sobre o qual nos debruçaremos.

As empresas públicas e as sociedades de economia mista estão imunes absolutamente em razão de sua natureza jurídica. A empresa pública é constituída de capital público e atua em áreas estratégicas na economia; é criada por lei e só por meio de lei pode ser extinta. Como é parte do acervo patrimonial do Estado, seus bens não podem ser penhorados e tampouco servir de garantia para dívidas.

Por seu turno, a sociedade de economia mista tem capital formado por dinheiro público e privado, por isso a expressão *mista*, e não se submetem à sistemática da falência, em razão da natureza específica de capital com parte de bens impenhoráveis e imprescritíveis em razão da chamada *afetação administrativa*, ou seja, bens afetados são aqueles que têm uma destinação pública.

Além das atividades empresariais referidas nos parágrafos anteriores, existem outras que, não obstante se fale em exclusão, a Lei de Falências não revogou expressamente. Por isso, elas caracterizam-se como atividades de *imunidades relativas*. De acordo com o art. 17 da Lei n. 4.595, de 31 de dezembro de 1964 (Brasil, 1964), considera-se instituição financeira as pessoas jurídicas, públicas ou privadas, que tenham como atividade principal ou acessória a coleta, a intermediação ou a aplicação de recursos financeiros próprios ou de terceiros, em moeda nacional ou estrangeira, e a custódia de valor de propriedade de terceiros. Desse modo, essas atividades empresariais estão em um regime especial definido pelo legislador e precisam de autorização[3] do Banco Central para poder funcionar. Além dessa autorização, é absolutamente necessário um lastro econômico como garantia dos depositantes. Esse lastro que deverá ser liquidado e, sendo insuficiente, passará a tramitar em juízo falimentar o resíduo eventual.

Ademais, dentro da mesma lógica, encontram-se as cooperativas de crédito e as administradoras de consórcio, porquanto, por expressa previsão legal (art. 45 da Lei n. 4.595/1964), as instituições financeiras públicas não federais e as privadas estão sujeitas à intervenção efetuada pelo Banco Central da República do Brasil ou à liquidação extrajudicial.

As entidades de previdência complementar não se submetem a pedido de falência. O regime jurídico dessa atividade é regido pela Lei Complementar n. 109, de 29 de maio de 2001 (Brasil, 2001)

---

3 Lei n. 4.595/1964: "Art. 18. As instituições financeiras somente poderão funcionar no País mediante prévia autorização do Banco Central da República do Brasil ou decreto do Poder Executivo, quando forem estrangeiras".

e há previsão expressa no art. 47[14] da impossibilidade de se submeter ao regime falimentar e da necessidade de liquidação extrajudicial[15], em consonância com o art. 198[16] da Lei n. 11.101/2005. As sociedades operadoras de planos de assistência à saúde[17], conforme art. 23 da Lei n. 9.656, de 3 de junho de 1998 (Brasil, 1998), cuja atividade têm como objeto serviços de saúde para as pessoas que desejam aderir a um sistema de proteção à saúde. São contratos que funcionam com a coletividade, em rede, de modo que todos os contratantes contribuem para que os eventuais casos individuais de enfermidades possam ser atendidos.

Nessa mesma sistemática e com a mesma teleologia incorrem as sociedades seguradoras[18] e de capitalização, com aplicação do Decreto-Lei n. 73, de 21 de novembro de 1966 (Brasil, 1966).

---

4   Lei Complementar n. 109/2001: "Art. 47. As entidades fechadas não poderão solicitar concordata e não estão sujeitas a falência, mas somente a liquidação extrajudicial".

5   Art. 53. "A liquidação extrajudicial das entidades fechadas encerrar-se-á com a aprovação, pelo órgão regulador e fiscalizador, das contas finais do liquidante e com a baixa nos devidos registros. Parágrafo único. Comprovada pelo liquidante a inexistência de ativos para satisfazer a possíveis créditos reclamados contra a entidade, deverá tal situação ser comunicada ao juízo competente e efetivados os devidos registros, para o encerramento do processo de liquidação".

6   Lei n. 11.101/2005: "Art. 198. Os devedores proibidos de requerer concordata nos termos da legislação específica em vigor na data da publicação desta Lei ficam proibidos de requerer recuperação judicial ou extrajudicial nos termos desta Lei".

7   Lei n. 9.656/1998: "Art. 23. As operadoras de planos privados de assistência à saúde não podem requerer concordata e não estão sujeitas a falência ou insolvência civil, mas tão-somente ao regime de liquidação extrajudicial".

8   Decreto-Lei n. 73/1966: "Art. 26. As sociedades seguradoras não poderão requerer concordata e não estão sujeitas à falência, salvo, neste último caso, se decretada a liquidação extrajudicial, o ativo não for suficiente para o pagamento de pelo menos a metade dos credores quirografários, ou quando houver fundados indícios da ocorrência de crime falimentar".

Há uma importante advertência a ser feita. É a dicção do art. 1º da Lei n. 11.101/2005, que prescreve que essa lei disciplina a recuperação judicial, a recuperação extrajudicial e a falência do empresário e da sociedade empresária. Desse modo, a referência é com relação ao empresário e à sociedade empresária.

— 2.2.2 —
Das atividades empresariais simples

O Código Civil de 2002 (Lei n. 10.406/2002) passa a disciplinar a atividade empresarial brasileira, revogando a primeira parte do Código Comercial de 1850, Lei n. 556, de 25 de junho de 1850 (Brasil, 1850). A partir daí, transfere-se para a legislação civil a tutela do empresário que passa a englobar o comerciante, considerando empresário aquele que desenvolve atividade econômica organizada para a produção e/ou circulação de bens ou serviços.

Com isso, a legislação civil tutela a atividade empresarial e há tratamento específico com relação ao direito societário. Assim, há uma disposição expressa, como já dito, no art. 982 da Lei n. 10.406/2002, que considera empresarial a sociedade que tem por objeto o exercício de atividade própria de empresário sujeito a registro e, simples, as demais.

Desse modo, sociedades empresariais são aquelas que têm em seu quadro constitutivo a presença de empresário configurado pelo art. 966 do Código Civil e sociedades simples são aquelas que não desenvolvem objeto próprio das atividades empresárias.

Também devemos fazer a referência ao parágrafo único do art. 966 da Lei n. 10.406/2002, cuja inteligência é a de que não se considera empresário quem exerce profissão intelectual, de natureza científica, literária ou artística, ainda com o concurso de auxiliares ou colaboradores, salvo se o exercício da profissão constituir elemento de empresa, o que significa que essas atividades estão excluídas como atividades próprias das passíveis de serem desempenhadas por um empresário, nos termos da legislação civil.

O resultado prático disso tudo que foi referido até aqui é que, quando se trata dessas atividades observadas, não há aplicabilidade da Lei n. 11.101/2005, vale dizer, as sociedades simples e as atividades do parágrafo único do art. 966 do Código Civil (Lei n. 10.406/2002) estão fora do âmbito de incidência da Lei de Falências.

Como até aqui examinamos, a legitimidade para a falência se traduz de modo residual e será preciso cuidado na identificação de quem não se submete à aplicação da Lei n. 11.101/2005. Porém, uma vez identificada a incidência da lei, o próximo passo necessário é descortinar qual será o juízo competente para processar pedidos de recuperação judicial/extrajudicial ou falência. É o que analisaremos no próximo tópico.

— 2.3 —
Competência

Partindo da premissa de que uma falência é eminentemente um processo judicial, nada mais natural do que buscar qual será o juiz que conduzirá os desdobramentos da falência até seus ulteriores termos. Desse modo, é importante descortinar, por primeiro, as regras gerais de fixação de competência sob a perspectiva processual, para então adentrar-se nos critérios próprios para fixação da competência para homologar e processar pedidos de falência e/ou recuperação judicial e extrajudicial – isso deve ser feito especialmente para não haver confusão entre as duas realidades processuais e ser aprendido o modo correto de fixar competência quando se trata de falência.

De acordo com as regras gerais processuais, a competência é a parcela da jurisdição exercida por aquele juízo. Por sua vez, a jurisdição é o poder/dever de o Estado dizer o direito no caso concreto, prestando, assim, sua tutela jurisdicional. Assim, a correlação da jurisdição com a competência é que esta é medida daquela, vale dizer, a competência é a limitação de jurisdição.

O que se quer então descobrir é qual dentre os juízes com jurisdição será o competente para julgar a causa que deverá ser proposta.

O Poder Judiciário foi setorizado, pela Constituição da República, por Justiças especializadas e comum. Assim, tem-se a Justiça Eleitoral; a Justiça Militar; a Justiça do Trabalho e a chamada *Justiça Comum*, que se divide em Justiça Federal e Estadual.

Com base nesses critérios de especialidades, busca-se a fixação da competência de modo residual, ou seja, não se tratando dos assuntos das Justiças Especializadas, a competência para prestação jurisdicional será da Justiça Comum, ao passo que, não se tratando de interesse direto da União, é da Justiça Estadual a competência para processar e julgara lide.

Outro critério geral utilizado pela lei processual civil é o do domicílio do réu nos processos que são regidos pelo Código de Processo Civil, Lei n. 13.105/2015. Assim, em regra, para a definição da competência de um juízo identifica-se o domicílio do réu e se propõe a demanda nesse foro.

Porém, o que é preciso deixar aqui bem claro é que existem critérios específicos quando se trata de falências e recuperações. Isso porque nem sempre o foro do domicílio do devedor será o competente para processar e julgar a falência ou recuperação da empresa.

— 2.3.1 —
Regra geral

A regra geral para fixação de competência em um processo tramitando em uma vara comum é o domicílio do réu. Essa regra geral tem várias exceções, as quais não serão objeto de estudo aqui, pois estamos a desdobrar as regras de competência para a fixação do juízo que irá processar e julgar o pedido de falência.

A Lei n. 11.101/2005, em seu art. 3º, prescreve que é competente para homologar o plano de recuperação extrajudicial, deferir a recuperação judicial ou decretar a falência, o juízo do local do principal estabelecimento do devedor ou da filial de empresa que tenha sede fora do Brasil.

Destacamos que o critério fixado pela lei é a identificação do local do principal estabelecimento do devedor quando se trata de uma empresa nacional. Na maioria das vezes esse critério fixado pelo legislador não tem maiores consequências jurídicas, pois quase sempre o principal estabelecimento do devedor coincide com o seu domicílio e, assim, em razão dessa similitude, o juízo será determinado.

O problema surge quando o devedor tem mais de um estabelecimento, e o parágrafo primeiro do art. 75 do Código Civil, Lei n. 10.406/2002, determina que, tendo a pessoa jurídica diversos estabelecimentos em lugares diferentes, cada um deles será considerado domicílio para os atos nele praticados.

Em um primeiro olhar, há várias possibilidades de fixação de competência e a busca do principal estabelecimento do devedor é o que determinará qual será o juízo competente para processar e julgar eventual falência.

Assim, descortinar quais os motivos que o legislador determinou como principal estabelecimento como critério de competência é absolutamente necessário para os fins deste estudo.

— 2.3.2 —
Principal estabelecimento

A inteligência do art. 1.142 do Código Civil de 2002 aduz que o estabelecimento empresarial é o complexo de bens organizado para o exercício da atividade empresarial. De acordo com esse conceito, o estabelecimento empresarial significa a reunião de itens necessários para o exercício da atividade empresarial.

Em outras palavras, tudo aquilo que é imprescindível para que se possa desenvolver a produção de bens ou serviços será considerado um estabelecimento empresarial.

Como já dito, é possível que uma empresa tenha mais de um estabelecimento empresarial, e a questão aqui é identificar qual deles é o principal. É importante destacar que a falência é um processo de execução concursal, cuja ideia central é realizar ao máximo a satisfação do maior número de credores possível.

O principal estabelecimento é aquele em que se realiza a maioria das relações jurídicas da empresa, pois seria uma forma de reunião da maioria dos seus credores no intuito de facilitar o trâmite processual para satisfação dessas dívidas e, também, para facilitar o levantamento do patrimônio componente do estabelecimento.

As relações jurídicas de maior relevância do devedor são concentradas no principal estabelecimento e é por essa razão que será nesse local o juízo competente para processar e julgar o pedido de falência.

Ainda, tem-se que o juízo do local da filial da empresa que tenha sede fora do país será o foro competente, conforme previsto na parte final do art. 3º da Lei n. 11.101/2005. A razão da utilização desse critério é uma questão de soberania. Não faz sentido algum forçar o credor de uma empresa devedora internacional a postular judicialmente fora do país, sendo que as dívidas foram contraídas dentro do território nacional.

Após o que analisamos, podemos concluir que é na identificação do principal estabelecimento que ocorre a fixação do juízo competente. Porém, é preciso que esse juízo concentre todos os processos, ou a grande maioria deles, em um único modo de processar e julgar todas as demandas, para evitar quebra do princípio da *pars conditio creditorum*.

Essas especificidades do chamado *Juízo Universal de Falência* e seus desdobramentos serão analisados a seguir.

— 2.4 —
Juízo Universal de Falência

Quando a crise financeira se instaura em uma empresa, é normal que seus credores usem da estrutura do Poder Judiciário para receber o que lhe é devido. Isso quer dizer que um devedor pode ter tramitando contra si várias execuções e processos em vários procedimentos e juízos diferentes.

Só por aí já podemos deduzir de que é possível que existam pulverizadas várias ações contra o devedor, vários momentos processuais diferentes e vários credores diferentes, o que, por si só, pode contaminar o equilíbrio entre os credores, pois sabe-se que em uma execução podem ser praticados atos expropriatórios que podem dilapidar o patrimônio que serviria para se dividir entre os credores em uma falência.

Essas são algumas razões pelas quais o legislador então criou a figura do **Juízo Universal de Falência**, cuja ideia central é reunir todos os processos contra aquele devedor para que sejam julgados e processados simultaneamente e o resultado seja distribuído de forma equilibrada.

Porém, existem situações jurídicas processuais que não permitem que essa ideia seja de todo aproveitada, pois, se levada a efeito de maneira rígida, acabaria mais por desequilibrar do que equilibrar os credores, como veremos adiante.

— 2.4.1 —
Regra geral

Com a decretação da falência, inaugura-se a execução concursal, cujas peculiaridades veremos em tópico específico, mas também se inicia a ocorrência do fenômeno do Juízo Universal de Falência, que é alocação de todos os processos contra um devedor em um único juízo, ou seja, no juízo que decretou a falência.

Com isso, todas as ações contra aquele devedor deverão ser encaminhadas para aquele foro no intuito de uniformizar os processos judiciais e evitar decisões contraditórias e, também, manter sob a supervisão de um único juízo o comando dos atos processuais, visando a satisfação da coletividade.

Portanto, como regra, todas as ações e execuções contra o devedor devem ser direcionadas para o juízo falimentar. É como um imã a atrair todas as causas contra o devedor, o que comumente se denomina *vis attractiva* do juízo da falência.

Como é comum nas lições elementares da teoria geral do direito, toda regra comporta exceção. O Juízo Universal de Falência contém algumas exceções cujas teleologias são absolutamente necessárias e pertinentes e não implicam a quebra do princípio da *pars conditio creditorum* mas, ao contrário, a afirmação desse princípio, pois, como também se lê na teoria geral do direito, as exceções confirmam a regra especialmente porque confirmam a existência de uma regra.

— 2.4.2 —

Exceções

A primeira exceção à regra do Juízo Universal de Falência é a demanda judicial cujo objeto seja a relação trabalhista, bem como as derivadas de acidente de trabalho, que deverão tramitar perante a justiça especializada do trabalho, cuja competência é absoluta.

Assim, as demandas envolvendo relação de trabalho serão todas resolvidas no foro trabalhista em razão de que será nesse juízo que todas as questões referentes à relação de trabalho, como horas extras, jornada de trabalho, entre outras, serão resolvidas. É preciso um poder jurisdicional com conhecimento especializado nesses assuntos e que trará a melhor interpretação para os casos que envolvem relações trabalhistas.

Embora se trate de credor importantíssimo em uma falência, é da Justiça do Trabalho a competência para o processo e o julgamento das relações trabalhistas, deixando-se registrado que o juízo da falência tem como atuação precípua satisfazer o maior número possível de credores. Alertamos que, uma vez resolvida a lide trabalhista, o resultado do processo deve ser realizado no Juízo Universal de Falência.

Outra exceção é com relação aos créditos tributários, ou seja, as dívidas que o devedor tem com o fisco. Destacamos que é em razão da natureza jurídica de bem público indisponível, bem como por tratar-se de direito da coletividade, que tais créditos não se processam no Juízo Universal de Falência, pois é a partir dos tributos que o Estado realiza e satisfaz as necessidades públicas e coletivas.

Também o Código Tributário Nacional, Lei n. 5.172, de 27 de outubro de 1966 (Brasil, 1966), prescreve que o crédito tributário não se submete às habilitações de crédito e tampouco a uma ordem de preferências, com exceção dos créditos trabalhistas. Ainda, o Código Tributário Nacional expressamente prevê que o crédito tributário não se submete a concurso de credores e sempre terá prevalência sobre os demais créditos, com exceção, como já dito, dos créditos trabalhistas.

Nesse diapasão, não é demais relembrar que o resultado da lide fiscal deverá ser, obrigatoriamente, realizado pelo Juízo Universal de Falências.

Outra exceção é aquela em que a empresa falida seja parte autora ou litisconsorte ativa. As razões dessa exceção residem, em um primeiro olhar, no fato de que a falida não pode ser autora e ré ao mesmo tempo no mesmo processo, pois haveria uma confusão de polo e, em alguns momentos, ela figuraria como autora e, em outros, como ré, o que causaria seguramente uma confusão processual.

Em segundo lugar, o processo falimentar é um processo de execução concursal, ou seja, o que se tem de resolver no processo falimentar é o seu resultado prático, consolidado por meio de uma execução concursal, que necessita de certeza, liquidez e exigibilidade, não havendo espaço para lógicas e procedimentos diferentes de uma execução, o que causaria mais uma vez confusão processual.

Destacamos que o mesmo se dá quando a falida for litisconsorte ativa. Ser litisconsorte ativo significa demandar em conjunto com outra(s) parte(s) autora(s) simultaneamente. É dizer-se, por essa razão, que a falida pode, coletivamente, também demandar em face de um réu (ou de vários réus), sendo que, exatamente pelas mesmas razões das demandas individuais, isso deve ocorrer fora do Juízo Universal de Falência.

Assim, caso se promovam ações em que haja parte autora em conjunto com outras partes autoras, elas serão processadas fora do Juízo Universal.

A última exceção do Juízo Universal de Falência deriva da situação em que a empresa falida está sendo demandada por quantia ilíquida. Vale dizer, o *quantum debeatur* (o valor devido) ainda não está consolidado e ainda há discussão acerca do seu real valor por meio de um processo de conhecimento.

Partindo da premissa de que a falência é um processo de execução concursal, não é possível admitir que ações que não tenham a qualidade de liquidez, certeza e exigibilidade, tramitem no Juízo Universal. Uma interessante discussão sobre a competência chegou ao STJ e se assentou no seguinte sentido, em recurso especial repetitivo:

> PROCESSUAL CIVIL. RECURSO ESPECIAL. COMPETÊNCIA PARA JULGAMENTO DE DEMANDAS CÍVEIS ILÍQUIDAS CONTRA MASSA FALIDA EM LITISCONSÓRCIO COM PESSOA JURÍDICA DE DIREITO PÚBLICO. JURISPRUDÊNCIA DA SEGUNDA SEÇÃO DESTE STJ QUANTO AO PRIMEIRO ASPECTO DA DISCUSSÃO. INCIDÊNCIA DO ART. 6º, § 1º, DA LEI N. 11.101/2005. COMPETÊNCIA DO JUÍZO CÍVEL COMPETENTE PARA O EXAME DA AÇÃO DE CONHECIMENTO. EXCEÇÃO AO JUÍZO UNIVERSAL DA FALÊNCIA. CONSTANDO DO POLO PASSIVO DE DEMANDA ILÍQUIDA, ALÉM DA MASSA FALIDA, PESSOA JURÍDICA DE DIREITO PÚBLICO, DEVE SER FIXADA A COMPETÊNCIA EM FAVOR DO JUÍZO DA FAZENDA PÚBLICA, SEGUNDO AS NORMAS LOCAIS DE ORGANIZAÇÃO

JUDICIÁRIA. RECURSO CONHECIDO E PROVIDO. RECURSO JULGADO SOB A SISTEMÁTICA DO ART. 1.036 E SEGUINTES DO CPC/2015, C/C O ART. 256-N E SEGUINTES DO REGIMENTO INTERNO DO STJ.

[...]

5. Tese jurídica firmada: A competência para processar e julgar demandas cíveis com pedidos ilíquidos contra massa falida, quando em litisconsórcio passivo com pessoa jurídica de direito público, é do juízo cível no qual for proposta a ação de conhecimento, competente para julgar ações contra a Fazenda Pública, de acordo as respectivas normas de organização judiciária.

6. Recurso especial conhecido e provido.

7. Recurso julgado sob a sistemática do art. 1.036 e seguintes do CPC/2015 e art. 256-N e seguintes do Regimento Interno deste STJ.[19]

Uma vez tornando-se o título certo, líquido e exigível, ele será deslocado ao juízo falimentar, no qual será submetido ao rito da execução concursal, como no caso de uma indenização visando à obtenção de danos morais em face da falida. O valor indenizatório só será fixado definitivamente quando ocorrer o trânsito em julgado da ação originária, momento em que a obrigação de pagar será levada ao Juízo Universal de Falência para

---

9 REsp 1643856/SP, Rel. Ministro OG FERNANDES, PRIMEIRA SEÇÃO, julgado em 13/12/2017, DJe 19/12/2017.

habilitação, classificação e posterior pagamento (de acordo com a natureza do crédito).

O que podemos concluir é que o Juízo Universal de Falência tem como fundamento principal a tentativa de se evitar o descolamento de bens do devedor em outros juízos, que implicariam o desequilíbrio da igualdade entre os credores, além da evidente possibilidade de decisões judiciais conflitantes.

Devemos observar que, caso fosse possível adjudicar bens de maneira individual em processos individuais, todos os sujeitos que figurariam no processo falimentar (processo coletivo por definição) seriam prejudicados e seus créditos não seriam satisfeitos. O que justifica o Juízo Universal de Falência, portanto, é a coletividade e sua proteção em um único juízo.

— 2.5 —

Execução singular e concursal

Por demais relevante é o estudo do processo de execução, para muito além do que até aqui vimos. Mais relevante ainda é a diferença significativa entre execução singular e execução concursal. Certo é que, partindo do conceito de *lide*, aqui entendida como um conflito de interesses qualificado por uma pretensão resistida, é que colocaremos, sobre nossa ótica, o que separam esses dois institutos.

O que primeiro se conecta com o conceito de *lide* é que ela pode ser entendida como um conflito de interesses qualificado por uma pretensão resistida. Mas o que se agrega a esse conceito é a situação para além da resistência. É o caso da insatisfação da pretensão. Devemos notar que a pretensão tem como conteúdo o interesse de subordinação do direito alheio ao direito próprio. Isso quer dizer que, para um processo de execução, a pretensão é insatisfeita, além de resistida.

Isso significa que a execução é um elemento adicional em relação ao processo que visa analisar a resistência de uma das partes. Ou seja, por meio de um processo de conhecimento, o juiz pode determinar se a resistência é legítima ou não. Não sendo legítima, o que se busca é a satisfação daquela pretensão, e aí entra o processo de cumprimento de sentença.

O processo de execução de título extrajudicial é o meio pelo qual o credor exige a satisfação do crédito sem ter de sujeitar-se a um processo de conhecimento prévio, afastando-se, assim, de modo imediato, a resistência do devedor quanto à obrigação inadimplida. Isso ocorre não em razão de um reconhecimento da ilegitimidade da resistência, mas em razão da outorga de um título extrajudicial reconhecido pelo devedor, o qual, com base em sua inadimplência, tem contra si uma ação judicial de execução.

O que é necessário destacar é que o credor pode escolher entre executar o devedor de modo individual (singular) ou coletivo (concursal), e essa análise somente cabe ao titular do crédito em discussão.

Trata-se de mais do que apenas uma escolha. É preciso que o credor entenda que, ao optar por uma das vias, o resultado pode não ser o desejado, especialmente a depender da natureza jurídica de seu crédito e das forças patrimoniais do devedor.

De modo ainda mais claro, o credor, ao optar pela execução concursal (falência) de um devedor, pode acabar por não ter seu crédito satisfeito. Isso porque, em virtude da necessária obediência à classificação dos créditos no processo falencial, o crédito (do credor) pode ser alocado entre os últimos pagamentos a serem feitos (classificação que leva em conta a natureza do crédito e consta no quadro geral de credores).

Desse modo, tendo-se como premissa que, caso tivesse o devedor patrimônio suficiente para satisfação de todas as obrigações, não seria o caso de falir, parece-nos óbvio que somente os primeiros pagamentos do quadro geral de credores serão satisfeitos, de modo que os créditos constantes ao final da lista, não.

Outra situação que deve ser levada em consideração é que, embora a falência seja uma execução concursal, ela não se inicia de modo coletivo, mas de modo singular, individual. Antes da decretação da falência, o pedido feito pelo devedor ainda demanda a oportunidade de contraditório, e somente após a consolidação da presunção de insolvência é que se inaugura a execução coletiva.

Portanto, distinguir as execuções em duas modalidades é tarefa necessária para a intelecção e o alcance da falência.

— 2.5.1 —
Execução singular

Execução singular é a possibilidade de o credor buscar a satisfação de seu crédito individualmente. Isso porque o credor tem à sua escolha, desde que possuidor de um título superior a 40 salários-mínimos, a possibilidade de requerer a falência do devedor ou promover a execução no juízo singular comum.

A escolha de uma ou outra via dependerá do desejo do credor em assim proceder. Mas é absolutamente imprescindível termos claro que a falência, quando requerida pelo devedor, sempre se inicia de modo singular e somente se transformará em concursal quando ocorrer a decretação da falência.

— 2.5.2 —
Execução concursal

Tal como observamos no tópico anterior, só há execução concursal na ocasião da sentença que decreta a falência do devedor. Nesse sentido, conforme uma das determinações da sentença de quebra, haverá a necessidade de se reunir todos os credores até então conhecidos e os desconhecidos posteriormente.

Como já dito, a sentença que decreta a falência pode ter sido dada em decorrência de um pedido de um credor, de uma convolação em falência ou de autofalência. Todas essas possibilidades têm informações sobre a coletividade dos credores em momentos distintos até a sentença de quebra e até a formação da execução concursal.

Quando se trata de falência decretada em caso de convolação em falência, o rol dos credores deve estar presente no processo de recuperação judicial. Isso porque o art. 51 da Lei n. 11.101/2005 determina que o devedor apresente, de acordo com o inciso III, a relação nominal completa dos credores, inclusive aqueles por obrigação de fazer ou de dar, com a indicação do endereço de cada um, a natureza, a classificação e o valor atualizado do crédito, discriminando a origem, o regime dos respectivos vencimentos e a indicação dos registros contábeis de cada transação pendente, para que o juiz e os credores tenham ciência de quem poderá figurar na demanda de soerguimento.

A convolação acontecerá caso ocorram as seguintes hipóteses: a) por deliberação da assembleia-geral de credores; b) pela não apresentação, pelo devedor, do plano de recuperação no prazo; c) quando houver sido rejeitado o plano de recuperação; d) por descumprimento de qualquer obrigação assumida no plano de recuperação. Somente na efetiva convolação – que é a transformação da recuperação judicial em falência – é que se inicia a execução concursal.

Quando for o caso de falência requerida pelo próprio devedor, a lei impõe a apresentação da relação de credores juntamente com a petição inicial da autofalência, por força do art. 105 da Lei n. 11.101/2005, inciso II, nos seguintes termos: relação nominal dos credores, endereço, importância, natureza e classificação dos respectivos créditos. Desse modo, uma vez que a petição inicial e os documentos que a instruem atendem à determinação legal, o juiz decretará a falência, dando por iniciada a execução concursal.

Finalmente, na demanda proposta por um devedor, as informações sobre a coletividade dos credores ainda não estarão presentes nos autos. É por essa razão que a Lei n. 11.101/2005, no art. 99, inciso III, prescreve que o juiz deverá ordenar ao falido que apresente, no prazo máximo de cinco dias, relação nominal dos credores, indicando endereço, importância, natureza e classificação dos respectivos créditos, sob pena de desobediência. É com a apresentação dessa relação que se tem o início da execução concursal.

Após essas considerações, podemos inferir que a vontade do legislador é, indubitavelmente, a proteção dos credores (de modo coletivo) com relação ao seu devedor comum. É essa a razão, portanto, de se determinar, por meio do texto legal, a reunião do ativo do devedor (ou seja, a reunião de seu patrimônio) para que este (o patrimônio) possa, então, de forma equânime, ser distribuído entre os credores, de modo a satisfazer o máximo possível das obrigações inadimplidas.

Capítulo 3

A decretação da falência

É possível perceber que a falência é uma lógica processual. Todo o transcorrer do processo falimentar dá-se com o início da execução concursal conforme apreendemos no capítulo anterior. Agora, a tarefa é descortinar qual será o próximo passo a ser tomado. Qual é o caminho a percorrer para o deslinde do processo falimentar? A sentença de quebra é um instrumento para a concretização dos direitos dos credores e se traduz em proteção daqueles mais vulneráveis. Por essa razão, analisar o alcance e os efeitos na busca da satisfação do maior número possível de credores é fundamental.

O que será analisado, neste capítulo, é o comando judicial e seus efeitos para ser possível identificar quais são as ordens emanadas pelo juízo e necessárias para a manutenção da idoneidade das relações jurídicas e do patrimônio do devedor, com o fim de serem realizados os direitos dos credores. Essas ordens serão examinadas para poder estancar qualquer risco que a atividade negocial pode acarretar aos bens do falido e protegê-los é por demais necessário para um desdobramento eficaz do processo falimentar.

Com a decretação da falência é preciso que se promova o levantamento da real dimensão econômica que levou a empresa à situação de insolvabilidade e inviabilidade. É preciso realizar um procedimento por meio do qual será possível chegar ao montante total, ou bastante próximo, que demonstrará as dívidas daquele devedor, além de identificar a natureza jurídica de cada crédito. Esse procedimento é realizado com a verificação e habilitação dos créditos, e o principal escopo é identificar em qual ordem cada credor poderá ser alocado para futura e eventual satisfação do próprio crédito.

Após a sentença de quebra, a verificação e a habilitação de créditos, a tarefa do administrador judicial será, com base nas provas documentais apresentadas, realizar a classificação dos créditos, tendo como critério a natureza jurídica de cada um deles. O legislador determina que a ordem de pagamentos será realizada tendo em vista a alocação dentro das determinações da Lei n. 11.101, de 9 de fevereiro de 2005 (Brasil, 2005). Assim, os créditos identificados serão destinados às categorias de créditos extraconcursais ou concursais, conforme sua natureza jurídica, embora existam algumas variáveis nessa destinação.

Uma vez classificados os créditos, deve ocorrer a consolidação do quadro geral que será a base para realização dos pagamentos dos credores, após a realização do ativo. O quadro geral de credores é o instrumento de condução do processo falimentar ao seu papel principal e funda-se no princípio da *pars conditio creditorum*, pois é com a observância de seu conteúdo que serão realizadas as satisfações daqueles credores.

A Lei n. 11.101/2005 prescreve que, satisfeitas as restituições, pagos os créditos extraconcursais e consolidado o quadro geral de credores, as importâncias recebidas com a realização do ativo serão destinadas ao pagamento dos credores, atendendo à classificação dos credores concursais.

Aqui está, basicamente, a essência da existência da falência, pois a principal razão de se reunir credores num sistema concursal não é outra senão a de realizar a satisfação dos créditos inadimplidos pelo devedor, de modo ordenado e seguindo a natureza jurídica de cada crédito considerado.

Todas essas questões serão enfrentadas e desdobradas neste capítulo, com o exame de cada item descrito.

— 3.1 —
A sentença falimentar e os seus efeitos

É importante fazermos a referência, neste tópico, de que a sentença falimentar segue a lógica muito próxima das sentenças de um processo comum. Entretanto, existem nuances que precisarão de atenção para que os atos praticados pelo juiz de um processo falimentar não sejam confundidos com os atos de processos comuns.

Existem muitas situações processuais que aproximam os ritos processuais – por exemplo, citação, capacidade postulatória, condições da ação etc. – mas o que se deve pôr a descoberto são as diferenças entre esses dois mundos que, embora apresentem significativas distinções, têm como principal função estatal a pacificação dos conflitos.

No procedimento dito *comum*, a sentença é o pronunciamento pelo qual o juiz põe fim à fase cognitiva, com ou sem resolução do mérito, e, na execução singular, extingue o processo.

Porém, no processo falimentar, esse ato tem conteúdo diferente do processo comum.

Se o caso for de decretação da falência, o juízo deverá expedir várias ordens para além daquele conteúdo tradicional de uma sentença. Explica-se: uma sentença tem como conteúdo mínimo elementos necessários para sua higidez, ou seja, deve conter: **relatório**[1], que significa a descrição dos principais acontecimentos processuais até aquele momento; **fundamentação**, que se trata da *ratio decidendi*, ou seja, das razões que convenceram aquele juízo a prolatar aquela decisão; **dispositivo**, que é o resultado prático do processo.

A sentença de falência é um pronunciamento judicial que, além desses elementos, contém outras determinações necessárias para o desfecho do processo. O legislador, nesse sentido, determinou que se tomasse o cuidado de manter a incolumidade dos bens e direitos do falido para garantir a satisfação dos credores.

Veremos em tópicos específicos todos esses comandos.

Sabe-se que no processo comum três são os pronunciamentos do juiz: 1) **sentença**, que é o pronunciamento por meio do qual o juiz põe fim à fase cognitiva do procedimento comum, bem como extingue a execução; 2) **decisão interlocutória**, que é todo pronunciamento judicial de natureza decisória que não se enquadre no conceito de sentença; 3) **despachos**, que compreendem

---

1 Nos Juizados Especiais, o relatório é dispensado ante a simplicidade e a informalidade do processo em trâmite nesse foro.

todos os demais pronunciamentos do juiz praticados no processo, de ofício ou a requerimento da parte. A distinção entre esses pronunciamentos nem sempre é simples. Por vezes as decisões interlocutórias se assemelham às sentenças e podem confundir no momento de o advogado interpor o recurso cabível, pois são espécies diferentes no sistema recursal.

Podemos afirmar que a sentença de decretação de falência, embora tenha conteúdo e nome de sentença, trata-se de decisão interlocutória, pois não põe fim à fase cognitiva tampouco extingue o processo. Ao contrário, a sentença inicia a execução concursal e dá início à liquidação da empresa devedora. Por isso, desafia o recurso de agravo de instrumento a teor do art. 100 da Lei n. 11.101/2005. Para um melhor entendimento dessa lógica, será preciso desdobrarmos os acontecimentos processuais desde o seu disparo inicial, com a petição inicial de falência requerida por um credor.

Quando o juiz recebe um pedido de falência, ele deverá, de imediato, despachar esse pedido, determinando a citação do devedor para que responda a demanda. Devidamente citado o devedor e somente após o atendimento do princípio do contraditório e da ampla defesa é que o juiz então poderá sentenciar o processo falimentar. Vale dizer, somente após a devida formação do processo é que o juiz terá condições de sentenciar o processo.

Nesse momento processual haverá duas possibilidades. A primeira reside na circunstância de o juiz julgar improcedente o pedido de falência feito pelo credor. Tal julgamento pode se dar em razão do pagamento ou de qualquer outra das condições que já foram analisadas em outro capítulo e que têm força de contaminar o título que sustenta o pedido de falência. Essa decisão judicial tem natureza jurídica própria de uma sentença tradicional processual, tem o efeito de extinguir o processo e o recurso cabível é a apelação cível, nos mesmos moldes de qualquer outro processo judicial comum.

A segunda possibilidade é decretar a falência daquele devedor. Essa decisão tem natureza constitutiva porque criará uma situação nova para aquele devedor, isto é, o *status* de falido. Além disso, a decisão reconhece o estado de insolvência absoluta daquela empresa. É preciso registrar que essa decisão, embora o art. 99 da Lei n. 11.101/2005 denomine como *sentença*, não extinguirá o processo, mas dará início ao procedimento de liquidação. Além disso, a natureza dessa decisão interlocutória e o recurso cabível é o agravo de instrumento.

Um importante caminho é reconhecer as espécies de sentenças para que se possa identificar qual a natureza jurídica da decisão que decreta a falência do devedor. Veremos a seguir.

Os provimentos judiciais conhecidos como *sentenças* têm classificação de acordo com o efeito preponderante[12]. Assim, com esse critério, as sentenças podem ser classificadas de acordo com essa eficácia principal. Devemos advertir que nenhuma sentença é pura, nenhuma sentença tem apenas um efeito. O que

---

2 Essa é uma classificação com inspiração nas lições de Pontes de Miranda.

deve ser levado em consideração é o efeito que se sobressai, ou seja, aquele que, se não estiver presente, não causaria o efeito desejado com o pronunciamento judicial.

Em razão desse critério, as sentenças são classificadas em: *declaratória*, quando o provimento jurisdicional é a declaração da existência ou inexistência de uma relação jurídica; *condenatória*, quando, além da declaração, há uma sanção determinada pelo juiz ao condenar a parte vencida; *constitutiva*, quando o provimento jurisdicional cria uma situação jurídica nova para aquele estado anterior das coisas, a partir daquela sentença; *executiva latu-sensu*, quando o provimento jurisdicional é uma mistura de procedimentos de conhecimento e execução; *mandamentais*, que contêm uma ordem de fazer ou não fazer emanada pelo juiz. Essa é a chamada *classificação quinaria*, que divide as sentenças em cinco possibilidades.

A sentença falimentar, de acordo com esses critérios e também pelo que prevê o art. 99 da Lei n. 11.101/2005, tem como natureza jurídica a **constitutiva**, pois, ao decretar a falência de um devedor, cria um estado jurídico novo, ou seja, cria a qualidade de falido.

Aqui foi utilizada a expressão *sentença* por ser essa a dicção derivada da Lei n. 11.101/2005. Porém, sabemos que esse provimento que decreta a falência não extingue o processo, mas dá prosseguimento ao trâmite processual na busca da liquidação do ativo do devedor e do pagamento dos credores. Essa constatação é por demais importante para destacar as peculiaridades e especificidades da sistemática processual falimentar. Há uma especial interpretação dos institutos processuais falimentares em comparação com as lições processuais tradicionais.

— 3.1.1 —
O decreto falimentar

Como vimos no tópico anterior, a decisão que decreta a falência tem natureza jurídica constitutiva, pois cria uma situação, um *status* novo para a empresa devedora. A partir da decisão, a empresa passa a ter a marca de falida, inclusive sendo essa uma das determinações que deve conter a sentença falimentar, como se extrai do inciso VII do art. 99 da Lei n. 11.101/2005; o juiz ordenará ao Registro Público de Empresas que proceda à anotação da falência no registro do devedor, para que conste a expressão *falido*, também a data da decretação da falência e a inabilitação do falido para exercer qualquer atividade empresarial. Percebe-se, assim, que o provimento jurisdicional tem vários outros efeitos para além da constituição de situação jurídica nova.

Como já dito anteriormente, a sentença não tem a pretensão de ser pura, pois contém vários outros provimentos. No que diz respeito à sentença falimentar, esses provimentos são todos absolutamente imprescindíveis para uma boa conduta, visando o encerramento da atividade empresarial desenvolvida e a satisfação dos credores.

Por isso, nossa próxima tarefa é identificar todos os efeitos que uma sentença/decisão de falência contém e a fundamentação de cada um desses efeitos.

— 3.1.2 —
Mandamentos sentenciais

A sentença/decisão que decreta a falência deve observar a presença, inicialmente, dos seus elementos mínimos: o relatório, a fundamentação e o dispositivo. Assim, deve expor as principais ocorrências processuais até então; deve indicar quais são os motivos pelos quais entende que a atividade empresarial não pode mais prosseguir de modo viável e decretar o novo estado do devedor, que passa de viável para inviável, passa ao estado de falido. Como já referido, a decisão vai além desse conteúdo mínimo; ela também deverá observar todas as determinações do art. 99 da Lei n. 11.101/2005, conforme veremos adiante.

Em primeiro lugar, é importante consignar que a sentença falimentar deve identificar o falido e os nomes dos seus administradores. Isso em razão da necessidade de se proibir que essas pessoas pratiquem a atividade empresarial, além, claro, de possibilitar a atribuição das responsabilidades decorrentes de seus inadimplementos (inadimplementos estes que culminaram em sua falência). Não é outro o comando do inciso I da Lei n. 11.101/2005, que prescreve que a decisão deverá conter a síntese do pedido, a identificação do falido e os nomes dos que forem a esse tempo seus administradores.

Deve também o juiz fixar o termo legal da falência que não pode ser superior a 90 dias anteriores à data do pedido de falência ou do primeiro protesto ou, ainda, do pedido de recuperação judicial.

Devemos ter em mente que o termo legal é o período em que os negócios do falido têm o estigma de serem suspeitos, pois geralmente foram realizados em momento de muita turbulência empresarial, e o legislador, para evitar o cometimento de fraude, coloca sob suspeita esses negócios jurídicos. O termo legal é um período absolutamente necessário e importante para que os legitimados pela lei possam apresentar o pedido de ação anulatória ou a revocatória previstos nos art. 129 e 130 da Lei n. 11.101/2005.

Outra determinação importantíssima que o juiz deve realizar é a ordem para que o falido apresente a relação nominal dos credores, indicando endereço, importância, natureza e classificação dos respectivos créditos, se essa relação já não se encontrar nos autos, sob pena de desobediência. Tudo isso para que se tenha início a execução concursal e a aplicação do princípio da *pars conditio creditorum*.

Além de explicitar o prazo para as habilitações, o juiz ordenará a suspensão de todas as ações e as execuções em face do falido. Como já visto, em razão do Juízo Universal de Falência, não é possível que haja ações e execuções, cujo polo passivo seja ocupado pela falida, tramitando em outros juízos, sob pena de quebra do princípio da *pars conditio creditorum*, de modo a reforçar-se a imprescindibilidade de que, efetivamente, sejam suspensos os outros processos, especialmente, e se for o caso, para que possam ser avocados pelo Juízo Universal de Falência.

A sentença/decisão também deve determinar que o falido se abstenha de praticar qualquer ato de disposição ou oneração de bens, pois, a partir da decretação de falência, os bens agora comporão uma universalidade de direito chamada *massa falida* e sobre essa titularidade é que eles serão negociados. É importante, dadas as circunstancias em que se encontra a falida, constatar se será o caso de continuidade das atividades do falido, mesmo após a decretação de sua falência. Essa questão, entretanto, deve ser analisada em conjunto com os credores, com o administrador judicial e o Ministério Público, que poderão opinar sobre os efetivos benefícios econômicos da continuidade da atividade empresarial.

Além disso, para salvaguardar os interesses das partes, o juiz pode determinar a prisão preventiva do falido, caso haja eventual prática de crime falimentar.

Como se trata de uma sentença/decisão constitutiva, esta determinará que o registro público de empresas proceda com a anotação de falência nos registros do devedor para que conste a expressão *falido*, no intuito de se ter uma presumida publicidade e a ciência de terceiros com os quais o devedor negociava à época da normalidade das atividades da empresa.

Um importante aliado do juízo é o administrador judicial. Na sentença, deve-se nomear quem ocupará esse cargo, uma vez que o administrador judicial funcionará como uma *longa manus* do juízo e exercerá as funções fundamentais na condução da administração da empresa falida até o momento final.

O administrador judicial ganha especial destaque na falência em razão de que é da atuação dele que os credores terão seus direitos ordenados e respeitados conforme a confecção do quadro geral.

A sentença também deve determinar a expedição de ofícios aos órgãos registrários para que informem ao juízo a existência de bens e direitos do falido. Essa ordem é muito importante e ganha uma relevância ímpar no levantamento dos bens do falido, pois é da realização desse ativo que os credores terão suas expectativas creditícias atendidas.

A sentença deve, ainda, se for o caso, convocar assembleia geral de credores para as deliberações pertinentes aos interesses deles e que sejam absolutamente necessárias na preservação de direitos.

Por fim, a sentença deve ordenar a intimação do Ministério Público e das Fazendas Públicas, Federal, Estadual e Municipal, para que tomem conhecimento da falência. Isso porque o Ministério Público deve funcionar como fiscal da lei, atuando ativamente no processo de falência, e as e as Fazendas Públicas atuam para que sejam reinvindicados eventuais créditos tributários ou de outra natureza constem contra o devedor.

Assim, podemos perceber a importância das deliberações e determinações que a sentença falimentar contém. Isso tudo ocorre com o intuito de proteção dos credores, da incolumidade da condução do processo falimentar e da realização dos direitos creditórios que estão em jogo até o encerramento da falência e a extinção da empresa devedora.

Uma das situações jurídicas que merece atenção é a sistemática recursal. De acordo com a inteligência do art. 100 da Lei n. 11.101/2005, embora o art. 99 da Lei de Falências nomeie a decisão que decreta a falência como *sentença*, verdade é que, como já vimos à exaustão, essa decisão tem natureza jurídica de decisão interlocutória, razão pela qual o recurso cabível não pode ser outro senão o agravo de instrumento. Desse modo, o agravante (autor do agravo de instrumento) deve respeitar o prazo de interposição do recurso, atentar-se ao cabimento dirigido ao Tribunal de Justiça e rogar pela atribuição de efeito suspensivo à decisão agravada. Devemos notar que, se não houver atribuição pelo relator de efeito suspensivo, a falência seguirá seu rumo com todas as implicações e efeitos próprios de qualquer falência.

Se, por acaso, a sentença julgar improcedente o pedido de falência, deverá contra ela ser interposto o competente recurso de apelação. Também deve-se observar a sistemática recursal própria e atender a tempestividade, o preparo, o cabimento, ou seja, todos os pressupostos intrínsecos e extrínsecos próprios de qualquer outro recurso processual.

É importante ressaltar que, no processo comum, a sentença é o ato do juiz pelo qual se extingue o processo com ou sem resolução do mérito, e por isso o recurso cabível é a apelação e cujo órgão *ad quem* é o Tribunal de Justiça.

Entretanto, no processo falimentar a lógica é outra. O ato do juiz que decreta a falência, nada obstante tenha nome de *sentença* pelo art. 99 da Lei n. 11.101/2005, tem natureza jurídica de decisão interlocutória, pois não extingue o processo falimentar, ao contrário, dá início à execução concursal e, por essa razão, o recurso cabível é o agravo de instrumento, uma vez que não há espaço para outra modalidade recursal, ante o princípio da unicidade do recurso.

Outra importante questão que não pode passar despercebida é que se houver, na decisão, qualquer obscuridade, contradição, omissão ou erro material, é possível requerer-se que tais vícios sejam sanados com a interposição do recurso de embargos de declaração. É relevante deixarmos claro que os embargos de declaração não representam crítica ao juízo ou ao juiz. Trata-se apenas de forma de contribuição para uma prestação jurisdicional completa, plena e que não padeça desses pequenos defeitos.

Podemos perceber que a decisão que decreta a falência é um dos principais acontecimentos dentro de uma perspectiva de obtenção de resultado do processo judicial. A decisão de quebra, portanto, reveste-se de verdadeiro instrumento, absolutamente relevante, para a condução robusta de um processo, que tem por escopo satisfazer e atender a uma coletividade de interesses dos mais diversos e com variados anseios.

Com o que foi visto até aqui, o que precisamos entender é o procedimento de levantamento da real dimensão da quebra, seus efeitos e atores principais. Trata-se do nosso próximo desafio.

— 3.2 —
A verificação e a habilitação de créditos

O cenário que estudaremos neste tópico se refere ao momento posterior à decretação da falência e nomeação do administrador judicial, qual seja, o início da verificação e habilitação dos créditos. Trata-se de um momento delicado do processo falimentar em razão das imensas responsabilidades que serão depositadas no trabalho do administrador judicial. A função do administrador será exaustivamente exigida, pois, como veremos adiante, as habilitações serão todas dirigidas a ele para que, com base na relação apresentada pelo devedor, na documentação contábil e nas habilitações, tenha condições de identificar a quase totalidade das dívidas daquele falido.

É importante notar que terão de ser promovidas diversas diligências para se obter, na maior extensão possível, o tamanho daquela falência e o montante integral a ser quitado, pois essa é a principal e mais contundente atuação promovida pelo administrador judicial que se dá por meio da verificação e da habilitação dos créditos.

A **verificação de créditos** terá como um de seus elementos a habilitação desses créditos e que se refere ao procedimento dirigido ao administrador para que seja possível legitimar aquela primeira verificação dos créditos oriundos da relação apresentada pelo devedor, da análise da documentação e, então, da apresentação de créditos pelos credores por meio dessa habilitação, melhor dizendo, a verificação baseia-se na documentação contábil e na relação de credores apresentada pelo devedor, mas se consolida com as habilitações.

A verificação dos créditos é uma sucessão de passos concatenados que ocorrem a partir de determinados atos do administrador judicial na busca do levantamento da dívida.

Ao serem analisadas as determinações da sentença, identifica-se que o juiz deve nomear o administrador judicial para dar início aos trabalhos de levantamento do total das dívidas da falida e exercer sua função absolutamente relevante para o processo, de conduzir a administração da falência até seus ulteriores termos.

Desse modo, a questão que nos resta responder é quais são as fontes de que dispõe o administrador judicial para chegar a esse valor e consolidar o quadro geral de credores.

O administrador tem como ponto de início o rol dos credores apresentado pelo devedor, ou seja, aquela relação nominal determinada pelo juiz para que o devedor apresente em cinco dias, conforme art. 99, inciso III, da Lei n. 11.101/2005. No processo deve estar contida a relação nominal dos credores, com o endereço, a importância, a natureza e a classificação dos respectivos créditos em razão dessa ordem emanada pelo juiz.

Além disso, para iniciar o levantamento dos créditos, o administrador terá também de promover a análise contábil com base em um levantamento dos registros contábeis e fiscais do devedor, com a análise do balanço patrimonial, da demonstração de resultados acumulados, da demonstração do resultado desde o último exercício social e, também, do relatório do fluxo de caixa.

Após a detida análise desses dados, o administrador judicial fará publicar um edital com a relação nominal de credores e a natureza de seus respectivos créditos Esse edital será elaborado com os dados contábeis que o administrador possui e analisou, bem como com a relação dos credores apresentada pelo devedor. Devemos registrar que esses dados podem ainda estar incompletos em razão de que são dados extraídos do devedor e de sua atividade empresarial contabilmente registrada e que podem não espelhar toda a verdade sobre a real dimensão das dívidas do réu. O que queremos dizer é que, por omissão do devedor ou por qualquer outro motivo, alguns credores podem não figurar nesse rol. Surge então a necessidade das habilitações de crédito.

É preciso deixar consignado que a ordem cronológica determinada pelo artigo 7º da Lei n. 11.101/2005 é a seguinte: primeiro, publica-se o edital na ocasião da decretação da falência contendo a síntese do processo e a relação nominal de credores. Depois de publicado esse edital, abre-se o prazo de 15 dias para que os credores apresentem suas habilitações de crédito nos termos do art. 9º da Lei n. 11.101/2005. Após o decurso desse prazo, o administrador judicial tem 45 dias para publicar novo edital, agora mais completo, que será emanado com o cotejo do rol de credores trazido pelo devedor, dos registros contábeis e fiscais e das habilitações de crédito apresentada pelos credores.

Esse novo edital terá como conteúdo a relação nominal, a natureza jurídica e a importância dos credores, assim como local, horário e prazo comum em que poderão ser analisados os documentos relativos aos créditos.

Vimos, portanto, o procedimento da verificação dos créditos. Os detalhes da habilitação de créditos e sua eventual impugnação serão examinadas nos próximos tópicos.

— 3.2.1 —
Procedimento de habilitação

A habilitação de crédito é o instrumento que o credor tem à disposição para apresentar ao administrador judicial as relações jurídicas que manteve com o devedor antes da falência. Essa habilitação deve ser dirigida ao administrador judicial na forma de uma petição inicial com o seguinte conteúdo: a) o nome, o endereço do credor e o endereço em que receberá comunicação de qualquer ato do processo, para que se possa comunicar em caso de eventualidades ou dúvidas; b) o valor do crédito, atualizado até a data da decretação da falência ou do pedido de recuperação judicial, sua origem e classificação, no intuito de fazer o cotejo das informações de que já dispõe o administrador; c) os documentos comprobatórios do crédito e a indicação das demais provas a serem produzidas, pois é preciso rigidez na análise documental, uma vez que o crédito será examinado por vários atores do processo falimentar, com relação à idoneidade; d) a indicação da garantia prestada pelo devedor, se houver, e o respectivo instrumento da garantia, isso porque, caso a garantia seja legítima, a alocação do crédito terá um destino mais adequado; e) a especificação do objeto da garantia que estiver na posse do credor, com o fim de localizar esse bem para eventual arrecadação.

O administrador judicial poderá então acatar o que os credores apresentaram em suas habilitações ou poderá divergir com relação à natureza jurídica e/ou importância apresentadas. Essa divergência estará consignada no edital publicado após 45 dias em que forem apresentadas as habilitações.

As habilitações que conferem com o que foi apresentado pelo devedor e pelo registro contábil serão incluídas no quadro geral de credores, cujo conteúdo e consolidação analisaremos adiante. Aquelas habilitações que apresentarem divergências poderão ser objeto de impugnação dirigida ao juiz, conforme veremos no próximo tópico.

— 3.2.2 —
Procedimento de impugnação

A lei permite que o comitê, qualquer credor, o devedor ou seus sócios ou, ainda, o Ministério Público apresentem impugnação ao edital apresentado pelo administrador judicial. A ideia central do procedimento de impugnação é deixar consolidada a relação nominal completa dos credores, sua natureza jurídica, a classificação e o valor atualizado do crédito, a origem e o regime dos respectivos vencimentos, pois, como veremos adiante, é dessa relação consolidada que se formará o quadro geral de credores, o qual é o instrumento utilizado para realizar os pagamentos daqueles que são detentores de algum crédito inadimplido pelo devedor.

Nos termos do parágrafo 2º do art. 7º da Lei n. 11.101/2005, serão processadas as impugnações de acordo com os art. 13 e 14.

As impugnações poderão versar sobre o inconformismo dos legitimados constantes no art. 8º da Lei n. 11.101/2005, sobre a natureza, a importância e a classificação dos créditos, devendo o juiz julgar desde logo aquelas impugnações que entender suficientemente esclarecidas e determinar sua alocação no quadro geral de credores.

Com relação às impugnações remanescentes, abrir-se-á instrução probatória que correrá com autuação em separado, desde que não se trate do mesmo crédito. Após a análise das provas, o juiz determinará a inclusão desses créditos impugnados no quadro geral de credores.

O importante desse procedimento de impugnação é a sua "judicialização" diante das divergências que o mérito da impugnação pode conter. Todas as questões sobre a idoneidade do crédito habilitado serão dirimidas pelo juiz e essa circunstância trará uma maior segurança jurídica ao processo como um todo. Em relação a essa decisão caberá o recurso de agravo de instrumento de acordo com o art. 17 da Lei n. 11.101/2005. E a mesma lei ainda prescreve que, recebido o agravo, o relator poderá conceder efeito suspensivo à decisão que reconhece o crédito ou determina a inscrição ou modificação do seu valor ou classificação no quadro geral de credores, para fins de exercício de direito de voto em assembleia geral. O que a lei determina é que o processo falimentar deve seguir para evitar que o tempo do processo deteriore os bens e reduza a possibilidade de sucesso no pagamento da maioria dos créditos.

— 3.3 —

Classificação dos créditos

O mais relevante em qualquer processo falimentar é a determinação da classificação dos créditos, pois essa ação é fundamental para a condução para o encerramento. Eis aqui o ponto central do processo falimentar, a razão da existência de um processo que reúne, em concurso, todos os credores de um devedor. Na classificação dos créditos é que se acentua a aplicabilidade do princípio da *pars conditio creditorum* e surge a face do Estado protetor e redutor das diferenças.

Na classificação dos créditos revelam-se todas as questões de como o Estado brasileiro se comporta com os seus cidadãos, alocando-os de acordo com aquilo em que acredita ser o ideal sob a perspectiva social e econômica de sua sociedade. O grau de importância subjetiva dos créditos é revelado nessa classificação dos créditos.

A falência é uma tentativa de amenizar o impacto social e econômico na vida das pessoas que tiveram alguma relação jurídica com aquela empresa. Assim, como já dito, a falência serve para fazer com que, não sendo factível o pagamento de todos os credores, consiga-se realizar o pagamento do maior número de credores possível.

Toda classificação necessita de um critério para poder ser realizada. Em razão do critério, não existem classificações certas ou erradas. O que deve ser mantido hígido é o critério escolhido, não sendo possível a mistura de critérios de classificação, sob pena de a classificação não se justificar.

Desse modo, devemos registrar que o critério utilizado pelo legislador falimentar foi a relação de conexão da natureza jurídica do crédito considerado *versus* a essencialidade desse crédito, julgamento esse feito, obviamente, sob a perspectiva do credor, para estipular a ordem de pagamento de cada crédito. Assim, quanto mais essencial para o credor, melhor será a alocação deste na classificação dos créditos. Devemos ter em mente que todos os créditos são essenciais para os credores, mas a essencialidade é determinada pelo legislador levando-se em conta a proteção aos mais vulneráveis economicamente.

É preciso fazer referência, também, a uma classificação que separa os créditos com o critério do momento da decretação da falência. Assim, se o crédito foi gerado antes da sentença de quebra, ele será considerado como **encargo da falida**; tendo sido gerado após a sentença falimentar, será denominado **encargo da massa**. Essa classificação muito se aproxima da classificação trazida pela Lei n. 11.101/2005, em razão de que os créditos concursais são aqueles gerados antes da quebra e conduziram a empresa ao estado de insolvência absoluta à semelhança dos encargos da falida. Por sua vez, vários créditos extraconcursais são gerados após a decisão de quebra e se assemelham aos encargos da massa.

Examinaremos os créditos concursais e extraconcursais em razão de sua positivação pela Lei n. 11.101/2005, quando se referem ao que o legislador entende como pertinentes no momento do pagamento dos valores.

— 3.3.1 —
Créditos extraconcursais

Os chamados *créditos extraconcursais* são aqueles que serão pagos antes dos demais, porém, depois das restituições e das despesas indispensáveis à administração da massa. Esses créditos têm esse privilégio em razão de serem gerados para servir aos credores concursais. Ao analisar-se a natureza de cada crédito extraconcursal, percebe-se que eles não existiriam caso não houvesse a quebra daquele devedor. A geração desses créditos advém das necessidades de se preservar o patrimônio do devedor e, por essa razão, não seria razoável alocar o pagamento desses créditos conjuntamente com os credores concursais. Por isso, os créditos extraconcursais, como previu o legislador, devem ser satisfeitos antes dos créditos concursais.

Conforme veremos a seguir, esses créditos surgem com o desenvolver do processo falimentar e são oriundos dos passos necessários para a realização do ativo e a preservação do patrimônio; por essa razão, são tidos como créditos gerados durante o processo de falência ou recuperação.

O primeiro crédito extraconcursal que examinaremos é a remuneração devida ao administrador judicial e aos seus auxiliares, além de créditos derivados da legislação do trabalho ou decorrentes de acidentes de trabalho relativos a serviços prestados após a decretação da falência. Esses créditos têm naturezas jurídicas muito parecidas, pois derivam de relação de trabalho desenvolvida após a decretação da falência. O administrador pode entender ser o caso de continuidade provisória das atividades empresariais e poderá utilizar os colaboradores que já estão trabalhando para o devedor, com a garantia de que receberão antes do que os eventuais concursais.

Outro crédito extraconcursal compreende as quantias fornecidas à massa falida pelos credores. Se por acaso algum credor adiantar quantias para a massa, para que ela utilize em benefício da preservação ou para a manutenção própria, ou qualquer outra situação jurídica legítima, esse crédito será considerado extraconcursal.

As despesas com arrecadação, administração, realização do ativo e distribuição do produto, bem como custas do processo de falência também estão localizadas como créditos extraconcursais. Como já adiantado, esses créditos são gerados no intuito de se realizar o ativo e na preservação dos bens componentes desse ativo e devem ser satisfeitos antes dos concursais.

A massa falida pode demandar em juízo e ser demandada. Caso não se trate de tramitação no Juízo Universal de Falência, poderá ser sucumbente em algumas ações. Desse modo, custas judiciais relativas às ações e às execuções em que a massa falida tenha sido vencida são extraconcursais, não por contribuir para os bens da massa e para os credores, mas por representar débitos perante os cartórios judiciais.

A falência pode ser derivada de um processo de recuperação judicial convolada em razão das ocorrências do art. 73 da Lei n. 11.101/2005. Mas, antes dessa convolação, existem relações jurídicas realizadas durante o processo de recuperação e que foram realizadas no intuito de reequilibrar a empresa devedora.

Assim, as obrigações resultantes de atos jurídicos válidos praticados durante a recuperação judicial, nos termos do art. 67 dessa lei, ou após a decretação da falência, terão natureza jurídica de extraconcursais.

Por fim, uma situação que pode ocorrer é a geração de tributos após a sentença de quebra. Caso a massa falida possua bens, móveis ou imóveis, e sobre eles recaiam tributos depois da quebra, não serão considerados concursais. Isso porque, como já dito, esses créditos fazem com que o patrimônio siga sem maiores intercorrências com as Fazendas Públicas e, por isso, os tributos relativos a fatos geradores ocorridos após a decretação da falência serão extraconcursais.

— 3.3.2 —
Créditos concursais

Os créditos chamados *concursais* representam a essência da falência. A categorização dos créditos é uma medida absolutamente necessária para o atingimento do que o processo falimentar se propõe, ou seja, realizar o mecanismo utilizado pela lei, por meio do processo judicial de falência, que é reunir os credores e separá-los de acordo com os critérios elencados pelo legislador, tudo com o especial fim de organizar o caos instaurado pela quebra para alcançar a teleologia precípua de reduzir o impacto social e econômico que o insucesso empresarial causa.

Por essas poucas razões, já é possível entender a necessidade e a utilidade da classificação dos créditos e sua alocação na ordem de pagamentos. Como já dito, receberá primeiramente aquele que tiver crédito com natureza jurídica essencial, sob o aspecto de sua subsistência ou de outra finalidade especial consolidada pelo legislador. Veremos, então, os créditos concursais previstos na Lei n. 11.101/2005, especialmente a do art. 83, para melhor entendermos todas essas lógicas.

O primeiro crédito que deve ser satisfeito pela falida são os de natureza trabalhista, inclusive os derivados de acidente de trabalho, limitados a 150 salários-mínimos, em razão da natureza essencial alimentar que esse crédito possui perante o trabalhador. O legislador entende que esses créditos devem ser pagos antes dos demais concursais pela natureza de garantia do mínimo vital que o salário contém, pois é dessa troca da capacidade laborativa pelo salário que o trabalhador poderá se sustentar e a sua família. O impacto negativo do não recebimento desse crédito é muito significativo para um Estado que deseja cuidar a garantir a dignidade de seus cidadãos.

Existem equiparações do crédito trabalhista feitas pela jurisprudência. É o caso dos honorários advocatícios que gozam dessa mesma categorização. Destacamos a posição do Superior Tribunal de Justiça (STJ) no julgamento de recurso especial repetitivo:

> DIREITO PROCESSUAL CIVIL E EMPRESARIAL. RECURSO ESPECIAL REPRESENTATIVO DE CONTROVÉRSIA. ART. 543-C DO CPC. HONORÁRIOS ADVOCATÍCIOS. FALÊNCIA. HABILITAÇÃO. CRÉDITO DE NATUREZA ALIMENTAR. ART. 24 DA LEI N. 8.906/1994. EQUIPARAÇÃO A CRÉDITO TRABALHISTA.

1. Para efeito do art. 543-C do Código de Processo Civil:

1.1) Os créditos resultantes de honorários advocatícios têm natureza alimentar e equiparam-se aos trabalhistas para efeito de habilitação em falência, seja pela regência do Decreto-Lei n. 7.661/1945, seja pela forma prevista na Lei n. 11.101/2005, observado, neste último caso, o limite de valor previsto no artigo 83, inciso I, do referido Diploma legal.

1.2) São créditos extraconcursais os honorários de advogado resultantes de trabalhos prestados à massa falida, depois do decreto de falência, nos termos dos arts. 84 e 149 da Lei n. 11.101/2005.

2. Recurso especial provido.[13]

Na sequência, há os créditos com garantia real, limitados até o valor do bem gravado[14]. A justificativa utilizada pelo legislador para a posição que ocupa tal crédito é a possibilidade de redução dos juros no mercado financeiro que outorga crédito com essas garantias. A ideia é que, sendo menor o risco de inadimplência, com a garantia, menores serão as taxas de juros, pois a lógica da cobrança de altas taxas de juros é o risco que a operação contém. Maior o risco, maior a taxa de juros. Nessa linha de raciocínio, justicar-se-ia o lugar que ocupa esse crédito em segundo lugar, caso o mercado reduzisse as taxas de juros. Não é o que se vê.

---

3 REsp 1152218/RS, Rel. Ministro LUIS FELIPE SALOMÃO, CORTE ESPECIAL, julgado em 07/05/2014, DJe 09/10/2014.

4 Bem cujo uso ou disposição é restringido por vínculo, encargo ou ônus.

A crítica que se faz é que esse crédito está alocado no segundo lugar não por sua essencialidade, mas apenas por um desejo do legislador e que deixa margem para dúvidas com relação à legitimidade da posição privilegiada desse diante dos demais créditos. Os créditos tributários, por sua natureza de bem público indisponível e por atenderem a coletividade nas necessidades públicas, ocupa o terceiro lugar da lista. É preciso que haja a necessária separação da obrigação tributária principal com a obrigação acessória. Isso porque na categoria de créditos tributários localizam-se apenas os tributos sem a adição de multas, as quais ocuparão outra posição. Essa pequena confusão pode ser instaurada em razão de que, nas execuções fiscais, as Fazendas Públicas exigem o principal (tributo) e os acessórios (multas) conjuntamente, mas, na falência, esses itens são pagos separadamente. Apesar das críticas da terminologia utilizada pelo Código Tributário Nacional (CTN), Lei n. 5.172, de 27 de outubro de 1966 (Brasil, 1966), a obrigação principal é o ato de pagar o tributo, uma obrigação de dar; já a obrigação acessória é a imposição legal de informar ao Estado a ocorrência do fato jurídico tributário, uma obrigação de fazer. Assim, caso o contribuinte não realize o que está determinado pela norma tributária, arcará com multa, a qual será satisfeita em outro momento de pagamento das dívidas do falido.

Existem, também, algumas dúvidas sobre equiparação de créditos tributários com outros assemelhados. É o caso da cobrança de 20% de encargo em execuções fiscais que se assemelham a tributo. Mas o STJ já dirimiu esse conflito:

> PROCESSUAL CIVIL E FALIMENTAR. CLASSIFICAÇÃO DE CRÉDITOS. ENCARGO LEGAL INSCRITO EM DÍVIDA ATIVA DA UNIÃO. NATUREZA JURÍDICA. CRÉDITO NÃO TRIBUTÁRIO. PREFERÊNCIA CONFERIDA AOS CRÉDITOS TRIBUTÁRIOS. EXTENSÃO.
>
> [...]
>
> 4. Para os fins do art. 1.036 do CPC/2015, firma-se a seguinte tese: "O encargo do DL n. 1.025/1969 tem as mesmas preferências do crédito tributário devendo, por isso, ser classificado, na falência, na ordem estabelecida pelo art. 83, III, da Lei n. 11.101/2005."
>
> 5. Recurso especial da Fazenda Nacional provido.[15]

Os créditos com privilégio especial e geral são os próximos a serem satisfeitos na lista. A natureza jurídica desses créditos é definida pelos arts. 964 e 965 do Código Civil, Lei n. 10.406, de 11 de janeiro de 2002 (Brasil, 2002), e pelos incisos e alíneas do art. 83 da Lei n. 11.101/2005. São créditos derivados de uma série de possibilidades fáticas.

Vejamos os créditos com privilégio especial: a) sobre a coisa arrecadada e liquidada, o credor de custas e despesas judiciais feitas com a arrecadação e liquidação; b) sobre a coisa salvada,

---

5 REsp 1525388/SP, Rel. Ministro SÉRGIO KUKINA, Rel. p/ Acórdão Ministro GURGEL DE FARIA, PRIMEIRA SEÇÃO, julgado em 12/12/2018, DJe 03/04/2019.

o credor por despesas de salvamento; c) sobre a coisa beneficiada, o credor por benfeitorias necessárias ou úteis; d) sobre os prédios rústicos ou urbanos, fábricas, oficinas, ou quaisquer outras construções, o credor de materiais, dinheiro, ou serviços para a sua edificação, reconstrução, ou melhoramento; e) sobre os frutos agrícolas, o credor por sementes, instrumentos e serviços à cultura, ou à colheita; f) sobre as alfaias e utensílios de uso doméstico, nos prédios rústicos ou urbanos, o credor de aluguéis, quanto às prestações do ano corrente e do anterior; g) sobre os exemplares da obra existente na massa do editor, o autor dela, ou seus legítimos representantes, pelo crédito fundado contra aquele no contrato da edição; h) sobre o produto da colheita, para a qual houver concorrido com o seu trabalho, e precipuamente a quaisquer outros créditos, ainda que reais, o trabalhador agrícola, quanto à dívida dos seus salários e i) sobre os produtos do abate, o credor por animais.

Por sua vez, os créditos com privilégio geral compreendem: a) o crédito por despesa de seu funeral, feito segundo a condição do morto e o costume do lugar; b) o crédito por custas judiciais, ou por despesas com a arrecadação e liquidação da massa; c) o crédito por despesas com o luto do cônjuge sobrevivo e dos filhos do devedor falecido, se foram moderadas; d) o crédito por despesas com a doença de que faleceu o devedor, no semestre anterior à sua morte; e) o crédito pelos gastos necessários à mantença do devedor falecido e sua família, no trimestre anterior ao falecimento; f) o crédito pelos impostos devidos à Fazenda Pública, no ano corrente e no anterior; g) o crédito pelos salários dos empregados do serviço doméstico do devedor, nos seus derradeiros seis meses de vida; h) os demais créditos de privilégio geral.

Na próxima categoria estão incluídos os créditos denominados *quirografários*, cuja etimologia deriva do latim *chirografarĭus*, aqueles grafados com a mão, de próprio punho e que representam a grande massa de crédito de uma empresa, pois incluem especialmente os títulos de crédito, os contratos mercantis e os créditos alocados nessa categoria como saldo de outras categorias.

Há uma pequena confusão advinda de uma crença do senso comum, qual seja, a de que os créditos quirografários são os últimos a serem satisfeitos. Não é essa a realidade, pois existem créditos importantes que estão em posição inferior aos créditos quirografários, conforme analisaremos em tópico específico. Esse "mito" foi criado em razão de que, sendo residuais os pagamentos realizados pelo processo de falência e somando isso ao fato de que as forças patrimoniais do devedor sempre são insuficientes para satisfazer a todos os créditos, geralmente o resultado da realização do ativo basta tão somente para o pagamento dos credores até a posição dos quirografários, não restando saldo para os demais. Assim, criou-se a sensação de que os créditos quirografários sempre são os últimos a serem pagos. Isso geralmente ocorre de fato, mas não de direito.

Após os créditos quirografários, há os créditos oriundos das multas, as penas pecuniárias. A natureza desses créditos é dupla, ou seja, as multas e penas pecuniárias servem como sanção ao descumprimento de uma obrigação e, também, como estímulo ao pagamento pontual, pois se tais obrigações forem pagas conforme seus termos, não haverá multa ou penas pecuniárias.

Conforme o art. 83 da Lei n. 11.101/2005, os créditos subordinados compreendem a próxima categoria e são entendidos como: a) os previstos em lei ou em contrato, por exemplo, as debêntures subordinadas, que são títulos de créditos emitidos na captação de recursos no mercado de capitais pelas companhias autorizadas; b) os créditos dos sócios e dos administradores sem vínculo empregatício, ou seja, sócios que colocaram quantias na empresa.

Por fim, são pagos os juros vencidos após a decretação de falência, de acordo com o art. 124 da Lei n. 11.101/2005. Há uma exceção representada pela não inclusão nessa categoria dos juros de dívidas com garantia real. Ou seja, caso o credor detenha crédito com garantia real, ele também receberá os juros dessa operação conjuntamente com o principal. Mais uma vez a justificativa para tal procedimento é a diminuição das taxas de juros, mas, na verdade, trata-se de uma forma de proteger a atividade bancária.

Como é possível perceber e já foi dito anteriormente, o pagamento dos créditos é realizado de modo residual e de acordo com o saldo do resultado da realização do ativo. Com essas posições de pagamento é possível que haja uma redução do impacto econômico na vida das pessoas que com aquele devedor ser relacionaram.

— 3.4 —
Quadro geral de credores

Por uma questão didática, deixamos para fazer referência ao quadro geral de credores após a análise da classificação de créditos, em razão de queseriam exigidos conhecimentos sobre a natureza dos créditos, pois é com base neles (nos créditos) que se consolida o quadro, após o julgamento das habilitações.

Na dicção do art. 18 da Lei n. 11.101/2005, o administrador judicial será responsável pela consolidação do quadro geral de credores, a ser homologado pelo juiz, com base na relação dos credores e nas decisões proferidas nas impugnações oferecidas.

É importante destacar que o quadro deve ser utilizado como um instrumento de realização dos direitos. Com base nele, os credores e o próprio devedor podem visualizar os desdobramentos do processo falimentar, pois, com as informações que ele contém, somadas ao total dos bens levantados, é possível ter a noção se o processo falencial conseguirá satisfazer os credores de modo suficiente para a extinção das obrigações do falido.

Esse quadro geral de credores é a reunião do que efetivamente conduziu o devedor ao estado de insolvência e deve espelhar a real situação em que a empresa devedora se encontrava no momento da quebra. Isso que dizer que todos esses créditos somados é que conduziram a empresa ao estado de insolvência absoluta.

É possível chegar a uma conclusão bem evidente com a análise do quadro: não havia forças para que a empresa mantivesse a atividade empresarial e alguém ficará sem satisfação de seu crédito.

— 3.4.1 —
Geração do quadro

Após as impugnações transitarem em julgado, haverá de ser gerado o quadro geral que deverá ser assinado pelo juiz e pelo administrador judicial, além de mencionar a importância e a classificação de cada crédito na data do requerimento da recuperação judicial ou da decretação da falência. Com isso o quadro-geral será juntado aos autos e publicado no órgão oficial, no prazo de cinco dias, contado da data da sentença que houver julgado as impugnações, de acordo com a prescrição do parágrafo único do art. 18 da Lei n. 11.10./2005.

— 3.4.2 —
Consolidação do quadro

É possível que o quadro seja retificado até o momento do encerramento da falência, desde que ele contenha vícios capazes de contaminar sua higidez. Essa retificação poderá ser requerida pelo administrador judicial, pelo comitê de credores ou por qualquer credor ou representante do Ministério Público. A retificação terá como objeto a exclusão, outra classificação ou a retificação de qualquer crédito, nos casos de descoberta de falsidade, dolo, simulação, fraude, erro essencial ou, ainda, documentos ignorados na época do julgamento do crédito ou da inclusão no quadro geral de credores.

Devemos ter claro que será perante o juízo da falência que a ação prevista para tanto será proposta exclusivamente, no intuito de evitar decisão conflitante e desconexa com os caminhos do processo falimentar em que estão inseridos credores e devedores. Uma vez proposto o pedido de retificação, o pagamento ao titular do crédito questionado somente poderá ser realizado mediante a prestação de caução no mesmo valor do crédito questionado, para se evitar que o processo falimentar fique sobrestado à espera dessa decisão; assim, com a garantia de pagamento, não haverá prejuízos para credor e devedor.

— 3.5 —

Ordem de pagamentos

Uma das questões mais tormentosas e que sempre é recorrente no mundo das falências é a que trata sobre quem receberá primeiro e quando. Isso porque as expectativas que a situação da insolvência gera na vida das pessoas é também tormentosa, especialmente por influenciar uma série de situações econômicas com todos os envolvidos no processo falimentar. Nada mais natural do que o credor querer saber que posição ocupa no quadro geral e em que momento ele receberá seu crédito.

Por essas razões, saber qual a ordem em que os pagamentos devem ser realizados é tarefa deveras importante no processo falimentar para a efetiva condução até seus ulteriores termos.

Assim, após a verificação dos créditos com as habilitações e da consolidação do quadro de credores, é preciso que seja analisado em que medida se dará a ordem desses pagamentos. Isso porque é possível que a empresa devedora detenha no seu caixa disponibilidade de numerário, e a dúvida que surge é a seguinte: o que poderá ser resolvido com essa disponibilidade, pois existem situações em que se faz necessário realizar pagamentos antes mesmo daqueles elencados como privilegiados, uma vez que implicam na manutenção do acervo patrimonial do devedor para garantir pagamentos futuros?

Assim, nos próximos tópicos serão abordadas as possibilidades de pagamento antecipado: das verbas salariais imediatas, das restituições e, por fim, dos credores em concurso.

— 3.5.1 —
Pagamentos antecipados

É possível que a empresa desembolse dinheiro disponível em caixa sempre que o não pagamento de uma despesa implique em perigo de dissipação do patrimônio ou algo que venha a causar impacto econômico negativo para a massa falida, ainda que a natureza jurídica do credor esteja em posição inferior na classificação dos créditos. É uma maneira de manter sólido o patrimônio do devedor até que esse patrimônio seja realizado e transformado em dinheiro.

O art. 150 da Lei n. 11.101/2005 possibilita que as despesas cujo pagamento antecipado seja indispensável à administração da falência sejam pagas pelo administrador judicial com os recursos disponíveis em caixa.

Esse pagamento antecipado não significa qualquer quebra do princípio da *pars conditio creditorum*, ao contrário, acaba por manter intacta a possibilidade de aqueles credores em concurso receberem futuramente.

— 3.5.2 —
Verbas salariais imediatas

Há uma previsão importante na Lei de Falências, Lei n. 11.101/2005, quanto aos salários atrasados dos trabalhadores que estão padecendo diante do não pagamento. A dicção dessa lei, no seu art. 151 consolida como possível: realizar os pagamentos dos créditos trabalhistas de natureza estritamente salarial vencidos nos três meses anteriores à decretação da falência, até o limite de cinco salários-mínimos por trabalhador, tão logo haja disponibilidade em caixa. É uma proteção aos trabalhadores na situação de caos econômico trazido pela quebra da empresa.

O legislador entende que essas verbas salariais imediatas se traduzem em valores emergenciais para socorrer os trabalhadores nessa condição de extrema necessidade. O tempo sem o recebimento de salários traz nefasta condição de vulnerabilidade do trabalhador que onerou sua força de trabalho em troca de dinheiro para sustentar a si e a sua família.

O cuidado com o trabalhador nessas situações é bem disciplinado pelo legislador, até mesmo porque limita até cinco salários-mínimos, na intenção de satisfazer o máximo possível de pessoas e ao menos parte do todo a que elas teriam direito. O saldo em caixa se transformará em crédito concursal.

— 3.5.3 —
Restituições

Quando o administrador judicial realiza a arrecadação dos bens do devedor, é possível que o faça também em bens que estão na posse, mas não sejam de propriedade do devedor. Não seria justo que o bens não fossem restituídos para a posse do proprietário novamente. Por isso, é necessário promover a restituição desses bens, na forma do que prescreve a Lei de Falências, Lei n. 11.101/2005, no seu art. 85.

Quando não for mais possível devolver a coisa em seu estado natural, ocorrerá a restituição em dinheiro por meio de um procedimento previsto dentro do processo de falência.

Também pode ser pedida a restituição de coisa vendida a crédito e entregue ao devedor nos 15 dias anteriores ao requerimento de falência, se ainda não alienada.

A ideia é não aumentar o número de credores na lista dos que já estarão em situação de frustração de seus recebimentos. Ademais, frisamos que, nessa situação de venda a crédito, o negócio jurídico sequer aperfeiçoou-se na sua totalidade, pois a venda feita a crédito não possibilita a transmissão da propriedade até que todo o crédito seja, integralmente, adimplido.

— 3.5.4 —
Pagamentos dos credores em concurso

O art. 149 da Lei n. 11.101/2005 apresenta o modo como devem ser desembolsadas as quantias levantadas pelo administrador judicial.

Devemos notar que, feitos os pagamentos antecipados, pagas as verbas salariais imediatas, realizadas as restituições, pagos os créditos extraconcursais e consolidado o quadro geral de credores, as importâncias recebidas com a realização do ativo serão destinadas ao pagamento dos credores, atendendo à classificação prevista no art. 83 da Lei de Falências, respeitados os demais dispositivos da lei e as decisões judiciais que determinam reserva de importâncias.

A partir desses pagamentos o processo poderá entrar na fase final, conforme veremos em tópico específico.

Capítulo 4

O processo falimentar

Como é consabido, o processo é um caminhar rumo a sua extinção. Trata-se de um instrumento de outorga de justiça e pacificação social. A possibilidade de o jurisdicionado buscar em juízo seus direitos é uma das expressões mais importantes de um Estado democrático de direito que não admite a autotutela de seus cidadãos. Isso significa que todos podem utilizar o processo para satisfazer suas pretensões perante o Estado-Juiz, portal último e supino do cidadão.

Assim o é para a busca de qualquer direito em juízo, inclusive direitos creditórios derivados de uma situação de insolvência do devedor. Entretanto, escolhido esse caminho, em razão do princípio da inevitabilidade da jurisdição, o jurisdicionado terá uma resposta do Poder Judiciário, com o tramitar regular do processo e seus procedimentos, fases e consequente resultado, independentemente da vontade das partes, que terão de se submeter ao que for decidido.

Desse modo, veremos a seguir quais são os caminhos que devem ser trilhados para esse fim desejado pelas partes.

A decretação da falência exige uma série de procedimentos para serem observados, visando satisfazer, no grau máximo possível, os credores e extinguir as obrigações e, por via de consequência, extinguir também a empresa falida.

Veremos como se dá a atuação, as obrigações e a nomeação do administrador judicial, além das hipóteses em que a atuação dele fará com que os credores alcancem a desejada satisfação dos créditos.

Também veremos a necessidade e a possibilidade de surgimento no processo da figura do gestor judicial (que não se confunde com a figura do administrador judicial), o papel e as responsabilidades e direitos desse sujeito.

As atribuições da assembleia geral de credores, sua necessidade de instauração e composição e a atuação do comitê de credores serão objeto de estudo em razão da contribuição desses elementos para o processo falimentar, especialmente em razão de que, quando se trata de falência de execução concursal, as decisões mais relevantes deverão ser tomadas em conjunto.

A arrecadação dos bens do falido e os modos de realização do ativo para se efetuar o pagamento dos credores na ordem também é objeto de exame neste capítulo.

A busca pelo encerramento da falência após o desenvolvimento do processo falimentar até seus ulteriores termos, com o fim de encerrar também as atividades daquela empresa falida, merece destaque e aprofundamento neste estudo.

Após o encerramento da falência, visitaremos as possibilidades de extinção das obrigações dos empresários falidos e em que situações essas obrigações serão suportadas por eles. É mais do que natural que os devedores queiram extinguir suas obrigações, de acordo com as possibilidades legais, para poder seguir suas vidas em outras atividades que possam lhe prover o próprio sustento e de sua família.

— 4.1 —
O administrador e o gestor judicial

Certo é que o juiz não pode estar em todos os locais, em todos os momentos. Também é certo que o juiz se serve de auxiliares para poder prestar a tutela jurisdicional. Os auxiliares têm funções importantíssimas na prestação da tutela jurisdicional, pois permitem ao juiz que se concentre em praticar os atos processuais de modo a efetivamente exercer sua jurisdição e tenha a certeza de que esses auxiliares conduzirão o processo, dentro de suas atribuições, para a resposta desejada pelos cidadãos jurisdicionados. Referimo-nos ao perito, ao avaliador, ao escrivão, ao oficial de justiça e ao leiloeiro. Todos devem estar na busca de uma prestação da tutela jurisdicional plena. O administrador judicial tem o mesmo peso.

O administrador judicial tem a função muito relevante de auxílio do juízo na condução de um processo falimentar. Essa é a principal razão pela qual esse cargo deve ser exercido por alguém de confiança do magistrado. De acordo com a Lei n. 11.101, de 9 de fevereiro de 2005 (Brasil, 2005), especialmente no art. 21, o administrador judicial deve ser escolhido entre algumas profissões que veremos no tópico a seguir de maneira mais detida. É importante destacar que o profissional deve ser idôneo, ou seja, capacitado para exercer a função.

Na falência, esse auxiliar chamado de *administrador judicial* também era conhecido antigamente como *síndico de massa* falida, de acordo com o revogado Decreto-Lei n. 7.661, de 21 de junho de 1945 (Brasil, 1945).

O papel do administrador judicial é muito mais contundente na falência do que na recuperação judicial, pois esse auxiliar atua na substituição do administrador original da empresa devedora, servindo como uma *longa manus* do juiz e ajustando os destinos que vão conduzir o encerramento daquela empresa devedora.

O administrador judicial tem várias atribuições elencadas pela lei que são comuns na falência e na recuperação judicial e próprias da Lei n. 11.101/2005.

O gestor judicial, por sua vez, somente surgirá em um processo de recuperação judicial nos casos em que os sócios administradores foram substituídos por deliberação da assembleia geral de credores, por previsão expressa no plano de recuperação judicial ou, ainda, pelo cometimento ou possível cometimento de crime falimentar.

Desse modo, tivemos uma visão amplificada desses auxiliares do juízo e que serão verificados com mais detalhes nos tópicos seguintes.

— 4.1.1 —
Nomeação, remuneração, substituição e destituição

Na sistemática do Decreto-Lei n. 7.661/1945, a nomeação do administrador judicial se dava pelo credor do crédito mais alto, sendo que, em verdade, esse critério mais causava confusão do que contribuía para o bom andamento do processamento da falência.

Isso porque havia um interesse muito forte desse credor em privilegiar o próprio crédito em detrimento dos demais e, com isso, ele acabava por quebrar a ordem de credores.

Entretanto, isso mudou ao longo do tempo com a jurisprudência e se consolidou, antes mesmo da Lei n. 11.101/2005, como algo ineficaz, diante dos problemas que esse tipo de nomeação causava. Ao longo do tempo, essa forma de nomeação foi sendo relativizada com a nomeação de síndicos de confiança do juízo. Nada mais correto.

O critério atualmente adotado é que será nomeado como administrador uma pessoa de confiança do magistrado e que seja profissional idôneo, preferencialmente advogado, economista, administrador de empresas, contador ou pessoa jurídica especializada.

A idoneidade é uma qualidade de quem tem capacidade para desempenhar o cargo com eficácia. Assim, o profissional nomeado deverá demonstrar que detém conhecimentos técnicos suficientes para poder exercer o *munus* público para qual foi designado, com provas de sua capacidade mediante apresentação dos requisitos ao juízo.

O primeiro profissional sugerido, indicado pelo art. 21 da Lei n. 11.101/2005 é o advogado, que, de acordo com a Constituição da República (Brasil, 1988), no art. 133, é função indispensável à administração da Justiça, pois será um profissional que entende de regras processuais, empresariais e de direito como um todo. O advogado também tem contato mais próximo com o juiz daquela comarca considerada.

Outra profissão indicada na Lei n. 11.101/2005 é a de economista, em razão de esse profissional deter conhecimentos de mercado que facilitam a atuação no processo. O economista é um profissional cuja *expertise* pode trazer grandes benefícios ao andamento da falência, pois ele estuda e analisa o mercado em que atua o devedor e, com base nesses estudos, poderá orientar o planejamento financeiro e econômico do falido, visando melhorar os resultados do processo falimentar e satisfazer o maior número de credores possível.

O administrador de empresas, em razão de sua especialidade, também é uma das possibilidades de escolha do juiz. Sabe-se que aquele profissional detém conhecimentos sobre a viabilidade econômica e financeira de uma empresa, bem como conhece com detalhes as questões organizacionais que poderão contribuir para um desenvolvimento mais sólido de uma falência.

Outro profissional que conhece a perspectiva contábil da empresa e seu dia a dia é o contador, o qual, por sua especialidade, com sua visão sobre as principais obrigações de ordem trabalhista e tributária do devedor, funcionará como um grande aliado do juízo na busca de soluções para que o processo falimentar obtenha os melhores resultados.

Por fim, é possível que o juiz escolha uma pessoa jurídica especializada para exercer a administração. O objeto social dessa empresa deve estar conectado ao intuito de desenvolver as funções administrativas judiciais, de modo a auxiliar o juiz a conduzir a falência.

O administrador fará jus ao recebimento de 5% (cinco por cento) sobre o valor dos bens vendidos na falência ou do valor dos créditos a serem pagos em uma recuperação judicial. Esse percentual ficará, no entanto, reduzido a 2% (dois por cento) quando se trata de microempresa ou empresa de pequeno porte. Esse percentual de remuneração do administrador judicial é o mesmo da remuneração do gestor judicial.

Deixamos registrada a crítica sobre a redução da remuneração do administrador judicial em função das microempresas e empresas de pequeno porte. Essa redução do percentual para 2% (dois por cento) sobre o valor dos bens na falência ou dos valores a serem recuperados serve como um desestímulo à atuação dos profissionais elencados para exercer misteres função. O tempo do processo falimentar acaba por corroer a remuneração baixa do administrador e, no caso de recuperação judicial, sabe-se que o plano de recuperação para as microempresas e empresas de pequeno porte pode se prolongar por até 36 (trinta e seis meses), de acordo com o art. 71 da Lei n. 11.101/2005, o que também fará com que a remuneração seja reduzida de modo significativo:

> Art. 71. O plano especial de recuperação judicial será apresentado no prazo previsto no art. 53 desta Lei e limitar-se á às seguintes condições:

I – abrangerá todos os créditos existentes na data do pedido, ainda que não vencidos, excetuados os decorrentes de repasse de recursos oficiais, os fiscais e os previstos nos §§ 3º e 4º do art. 49; (Redação dada pela Lei Complementar nº 147, de 2014)

II – preverá parcelamento em até 36 (trinta e seis) parcelas mensais, iguais e sucessivas, acrescidas de juros equivalentes à taxa Sistema Especial de Liquidação e de Custódia–SELIC, podendo conter ainda a proposta de abatimento do valor das dívidas; (Redação dada pela Lei Complementar nº 147, de 2014)

III – preverá o pagamento da 1ª (primeira) parcela no prazo máximo de 180 (cento e oitenta) dias, contado da distribuição do pedido de recuperação judicial;

IV – estabelecerá a necessidade de autorização do juiz, após ouvido o administrador judicial e o Comitê de Credores, para o devedor aumentar despesas ou contratar empregados.

Parágrafo único. O pedido de recuperação judicial com base em plano especial não acarreta a suspensão do curso da prescrição nem das ações e execuções por créditos não abrangidos pelo plano.

O ideal seria que o Estado arcasse com a remuneração do administrador judicial, por se tratar de uma função pública. Não parece que esse auxiliar deveria concorrer para que as diretrizes sociais do Estado sejam atendidas em função do próprio sacrifício econômico. O Estado deveria arcar integralmente com a intenção desse profissional de dar tratamento diferenciado e favorecido a microempresas e empresas de pequeno porte.

Uma questão importante e que foi dirimida pelo Superior Tribunal de Justiça (STJ) é a situação de fixação de honorários sucumbenciais para administrador judicial em demandas de impugnação de crédito. O STJ acertadamente assim decidiu:

> RECURSO ESPECIAL. FALÊNCIA. IMPUGNAÇÃO DE CRÉDITO. EXTINÇÃO SEM RESOLUÇÃO DE MÉRITO. LITISPENDÊNCIA. HONORÁRIOS ADVOCATÍCIOS SUCUMBENCIAIS. FIXAÇÃO EM FAVOR DO ADMINISTRADOR JUDICIAL. DESCABIMENTO.
>
> 1. Impugnação apresentada em 23/1/2017. Recurso especial interposto em 26/4/2018. Autos conclusos à Relatora em 8/11/2018.
>
> 2. O propósito recursal é definir se é cabível o arbitramento de honorários advocatícios sucumbenciais em favor do administrador judicial da massa falida em incidente de impugnação de crédito.
>
> 3. Tratando-se de habilitação ou impugnação de crédito em processos envolvendo concurso de credores, é cabível, como regra, a condenação em honorários advocatícios de sucumbência, desde que apresentada resistência à pretensão. Precedentes.
>
> 4. A atividade do administrador judicial nomeado para atuar em processos de recuperação ou falência é equiparável à dos órgãos auxiliares do juízo, cumprindo ele verdadeiro múnus público. Sua atividade não se limita a representar a recuperanda, o falido ou seus credores, cabendo-lhe, efetivamente – seja em processos de soerguimento de empresas, seja em

ações falimentares–, colaborar com a administração da Justiça. Precedente específico.

5. Em razão do trabalho realizado no curso das ações de soerguimento ou falimentares, o administrador faz jus a uma remuneração específica, cujo valor e forma de pagamento devem ser fixados pelo juiz, observadas as balizas do art. 24 da Lei 11.101/05.

6. Em contrapartida, os honorários advocatícios de sucumbência, como é cediço, constituem os valores que, em razão da norma do art. 85 do CPC/15, devem ser pagos pela parte vencida em uma demanda exclusivamente ao profissional que tenha atuado como advogado da parte vencedora.

7. Ainda que ordenamento jurídico atribua ao administrador judicial a função de representar a massa falida em juízo (art. 22, III, "n", da LFRE e art. 75, V, do CPC/15), a hipótese concreta versa sobre situação na qual a manifestação por ele apresentada não foi formulada na posição processual de representante da massa, mas sim em nome próprio, circunstância que afasta a possibilidade de serem fixados, em seu favor, honorários advocatícios de sucumbência.

RECURSO ESPECIAL PROVIDO.[1]

Portanto, a remuneração do administrador é restrita aos percentuais e bases de cálculo previstos na Lei n. 11.101/2005.

---

1 REsp 1759004/RS, Rel. Ministra NANCY ANDRIGHI, TERCEIRA TURMA, julgado em 10/12/2019, DJe 13/12/2019.

— 4.1.2 —
Funções do administrador

Inicialmente, é importante destacar que existem funções exercidas pelo administrador judicial que são comuns para a falência e para a recuperação judicial previstas no art. 22 da Lei n. 11.101/2005: a) enviar correspondência aos credores comunicando a data do pedido de recuperação judicial ou da decretação da falência, a natureza, o valor e a classificação dada ao crédito; b) fornecer, com presteza, todas as informações pedidas pelos credores interessados; c) dar extratos dos livros do devedor, que merecerão fé de ofício, a fim de servirem de fundamento nas habilitações e impugnações de créditos; d) exigir dos credores, do devedor ou seus administradores quaisquer informações; e) elaborar a relação de credores; f) consolidar o quadro geral de credores; g) requerer ao juiz convocação da assembleia geral de credores nos casos previstos na Lei ou quando entender necessária sua ouvida para a tomada de decisões; h) contratar, mediante autorização judicial, profissionais ou empresas especializadas para, quando necessário, auxiliá-lo no exercício de suas funções; i) manifestar-se nos casos previstos na Lei.

Por outro lado, o administrador judicial tem papéis diferentes na falência e na recuperação. Na falência, ele substituirá os sócios administradores, na recuperação, atuará na fiscalização e no auxílio do cumprimento do plano de recuperação judicial.

Especificamente na recuperação judicial, as atribuições do administrador judicial consistem em: a) fiscalizar as atividades do devedor e o cumprimento do plano de recuperação judicial; b) requerer a falência no caso de descumprimento de obrigação assumida no plano de recuperação; c) apresentar ao juiz, para juntada aos autos, relatório mensal das atividades do devedor; d) apresentar o relatório sobre a execução do plano de recuperação.

Na falência há um extenso rol de competências que o administrador terá de realizar em suas funções: a) avisar, pelo órgão oficial, o lugar e hora em que, diariamente, os credores terão à sua disposição os livros e documentos do falido; b) examinar a escrituração do devedor; c) relacionar os processos e assumir a representação judicial da massa falida; d) receber e abrir a correspondência dirigida ao devedor, entregando a ele o que não for assunto de interesse da massa; e) apresentar, no prazo de 40 (quarenta) dias, contado da assinatura do termo de compromisso, prorrogável por igual período, relatório sobre as causas e circunstâncias que conduziram à situação de falência, no qual apontará a responsabilidade civil e penal dos envolvidos; f) arrecadar os bens e documentos do devedor e elaborar o auto de arrecadação; g) avaliar os bens arrecadados; h) contratar avaliadores, de preferência oficiais, mediante autorização judicial, para a avaliação dos bens caso entenda não ter condições técnicas para a tarefa; i) praticar os atos necessários à realização do ativo e ao pagamento dos credores; j) requerer ao juiz a venda antecipada de bens perecíveis, deterioráveis ou sujeitos a considerável desvalorização ou de conservação arriscada ou dispendiosa; l) praticar todos os atos conservatórios de direitos e ações, diligenciar a cobrança de dívidas e dar a respectiva quitação; m) remir, em benefício da massa e mediante autorização judicial, bens apenhados, penhorados ou legalmente retidos; n) representar a massa falida em juízo, contratando, se necessário, advogado, cujos honorários serão previamente ajustados e aprovados pelo comitê de credores; o) requerer todas as medidas e diligências que forem necessárias para o cumprimento da Lei, a proteção da massa ou a eficiência da administração; p) apresentar ao juiz para juntada aos autos, até o 10º (décimo) dia do mês seguinte ao vencido, conta demonstrativa da administração, que especifique com clareza a receita e a despesa; q) entregar ao seu substituto todos os bens e documentos da massa em seu poder, sob pena de responsabilidade; r) prestar contas ao final do processo, quando for substituído, destituído ou renunciar ao cargo.

Como podemos notar, o administrador ganha especial relevância no processo falimentar. Sem uma atuação concisa e responsável desse auxiliar não haverá um desdobramento eficaz e correto da falência. Por essas razões, a função exercida pelo administrador judicial é fundamental e deve ser sempre oportunizadas todas as condições materiais à disposição do juízo para uma fluída e competente atuação. O administrador é uma das pedras de fecho do processo falimentar.

— 4.1.3 —
A destituição e a substituição do administrador

Há a possibilidade de troca do administrador judicial pelo juiz por meio de substituição ou destituição. Existem situações fáticas e jurídicas que possibilitam ao juízo a mudança do comando administrativo daquele processo, pois, do contrário, caso o administrador não corresponda às expectativas do processo, não há modo de resolver a questão e a falência tende para o fracasso total com administradores pouco comprometidos ou desestimulados e, até mesmo, agindo com má-fé.

O administrador judicial pode ser substituído nos casos em que, após o processo ter sido iniciado, há perda superveniente da confiança daquele juízo ou mesmo a substituição do juiz naquela comarca. Nesse caso, o administrador receberá remuneração proporcional à sua atuação após a prestação de suas contas.

Existe também a possibilidade de o juiz destituir o administrador, situação que retirará o direito de esse auxiliar receber qualquer remuneração. Como dito pela Lei n. 11.101/2005, por desídia, culpa, dolo ou descumprimento das obrigações fixadas na lei, pode o juiz, diante da ocorrência dessas situações elencadas, destituir o administrador.

Evidentemente o administrador poderá renunciar ao cargo, com remuneração proporcional ao tempo em que trabalhou, salvo se renunciar sem relevante razão e desde que preste contas da sua administração.

Outra situação importante é o impedimento do administrador judicial em razão do que prevê a Lei de Falências, isto é, se, nos últimos cinco anos, no exercício do cargo de administrador judicial ou recuperação judicial anterior, foi destituído, deixou de prestar contas dentro dos prazos legais ou teve a prestação de contas desaprovada. Desse modo, o administrador judicial estará impedido de assumir o cargo.

— 4.1.4 —
Necessidade de nomeação de gestor judicial

O gestor judicial é figura assemelhada ao administrador e será aqui referido apenas por uma cautela didática. O espaço de estudo desse auxiliar é nas linhas da recuperação judicial. Entretanto, breves considerações acerca de sua atuação serão importantes no cotejo com a função do administrador judicial.

O gestor judicial somente surgirá em um processo de recuperação judicial nos casos em que os sócios administradores forem substituídos por deliberação da assembleia geral de credores. Isso quer dizer que, nos processos de recuperação judicial, se, por acaso os administradores do devedor forem afastados, será nomeado um gestor judicial.

Nas hipóteses em que o controlador do devedor houver sido condenado em sentença penal transitada em julgado por crime cometido em recuperação judicial ou falência anteriores ou por crime contra o patrimônio, a economia popular ou a ordem econômica previstos na legislação vigente ou, ainda, houver indícios veementes de ter cometido crime previsto na Lei de Falências e, também, houver agido com dolo, simulação ou fraude contra os interesses de seus credores, praticar atos de efetuar gastos pessoais manifestamente excessivos em relação a sua situação patrimonial, efetuar despesas injustificáveis por sua natureza ou vulto, em relação ao capital ou gênero do negócio, ao movimento das operações e a outras circunstâncias análogas ou, ainda, descapitalizar injustificadamente a empresa ou realizar operações prejudiciais ao seu funcionamento regular, ou também, simular ou omitir créditos ao apresentar a relação de credores, sem relevante razão de direito ou amparo de decisão judicial, o juiz convocará a assembleia geral de credores para deliberar sobre o nome do gestor judicial que assumirá a administração das atividades do devedor, aplicando-se-lhe, no que couber, todas as normas sobre deveres, impedimentos e remuneração do administrador judicial.

Como pudemos observar, o gestor judicial é indicado para casos bem específicos em processos de recuperação judicial e deve ter como missão precípua conduzir a recuperação judicial até o cumprimento do plano de recuperação, no intuito de evitar convolação em falência.

— 4.2 —
A assembleia geral de credores e o comitê de credores

Como já estudamos anteriormente, a falência é uma execução concursal e, por essa simples razão, algumas decisões não podem ser tomadas de modo unilateral, pois o intuito da falência é preservar interesses coletivos e, assim, coletivamente deve resolver questões pertinentes aos interesses dos credores.

Por isso, a assembleia geral de credores e o comitê de credores são órgãos de auxílio da falência e necessários na recuperação judicial. Esses órgãos são facultativos na falência, sendo que a primeira é obrigatória na recuperação judicial que não seja sob o rito especial.

Na falência, a assembleia geral pode representar custos elevados para deliberações que podem ser tomadas pelo administrador em conjunto com juiz. Por isso, pode não haver a necessidade de serem instauradas.

Já na recuperação judicial a assembleia geral é imprescindível, pois tem a função de deliberar sobre aprovação, modificação ou rejeição do plano de recuperação judicial. É importante destacar que, quando desse trata de recuperação judicial especial, não haverá a necessidade de assembleia geral de credores, em razão da simplicidade do procedimento especial.

— 4.2.1 —
Atribuições da assembleia geral

A assembleia geral de credores, quando se tratar de recuperação judicial, terá por atribuições: deliberar sobre a aprovação, rejeição ou modificação do plano de recuperação judicial apresentado pelo devedor; a constituição do comitê de credores, a escolha de seus membros e sua substituição; o pedido de desistência do devedor; o nome do gestor judicial, quando do afastamento do devedor e qualquer outra matéria que possa afetar os interesses dos credores.

Com relação às atribuições da assembleia geral na falência, serão da seguinte ordem: constituição do comitê de credores, escolha e substituição de seus membros; adoção de outras modalidades de realização do ativo e qualquer outra matéria que possa afetar os interesses dos credores.

— 4.2.2 —
A convocação e os assuntos deliberados

A convocação da assembleia será realizada pelo juiz, que publicará edital, no órgão oficial e em jornais de grande circulação, com antecedência de 15 dias da realização dessa reunião, que deverá conter: local, data e hora da assembleia em 1ª (primeira) e em 2ª (segunda) convocação, não podendo esta ser realizada menos de 5 (cinco) dias depois da 1ª (primeira); b) a ordem do dia e c) local onde os credores poderão, se for o caso, obter cópia do plano de recuperação judicial a ser submetido à deliberação da assembleia.

A composição da assembleia geral de credores se dará da seguinte forma: a) titulares de créditos derivados da legislação do trabalho ou decorrentes de acidentes de trabalho; b) titulares de créditos com garantia real; c) titulares de créditos quirografários, com privilégio especial, com privilégio geral ou subordinados e d) titulares de créditos enquadrados como microempresa ou empresa de pequeno porte.

A assembleia geral será presidida pelo administrador judicial e deliberará acerca de temas pertinentes à falência e à recuperação, dependendo do contexto e do momento processual em que se encontrar o processo de recuperação ou falência.

É importante destacar que nas deliberações sobre o afastamento do administrador judicial ou em outras em que haja incompatibilidade com esse auxiliar, a assembleia será presidida pelo credor presente que seja titular do maior crédito, conforme o que prevê a Lei de Falências.

— 4.2.3 —
Comitê de credores

O comitê de credores é um órgão consultivo e fiscalizatório a serviço da representatividade dos credores na falência. Tem como atribuições na falência e na recuperação: a) fiscalizar as atividades e examinar as contas do administrador judicial;

b) zelar pelo bom andamento do processo e pelo cumprimento da lei; c) comunicar ao juiz, caso detecte violação dos direitos ou prejuízo aos interesses dos credores; d) apurar e emitir parecer sobre quaisquer reclamações dos interessados; e) requerer ao juiz a convocação da assembleia geral de credores; f) manifestar-se nas hipóteses previstas na lei.

Na recuperação judicial, terá atribuições específicas, como fiscalizar a administração das atividades do devedor, apresentando, a cada 30 (trinta) dias, relatório de sua situação, fiscalizar a execução do plano de recuperação judicial e, ainda, a de submeter à autorização do juiz, quando ocorrer o afastamento do devedor nas hipóteses previstas na lei, a alienação de bens do ativo permanente, a constituição de ônus reais e outras garantias, bem como atos de endividamento necessários à continuação da atividade empresarial durante o período que antecede a aprovação do plano de recuperação judicial, tudo de acordo com a legislação falimentar.

A formação do comitê de credores é da seguinte ordem: a) um representante indicado pela classe de credores trabalhistas, com dois suplentes; b) um representante indicado pela classe de credores com direitos reais de garantia ou privilégios especiais, com dois suplentes; c) um representante indicado pela classe de credores quirografários e com privilégios gerais, com dois suplentes; d) um representante indicado pela classe de credores representantes de microempresas e empresas de pequeno porte, com dois suplentes.

O comitê de credores não é órgão obrigatório na falência e na recuperação judicial. Como já vimos, é órgão de auxílio do juízo falimentar e pratica atos exatamente visando atender os interesses dos credores. Por isso sua atuação é relevante, desde que constituído, contribuindo para o desenvolvido fluido e coletivo de uma falência ou de recuperação judicial.

Como nos casos de impedimento dos administradores judiciais, não poderá figurar no comitê de credores quem, nos últimos cinco anos, no exercício do cargo de administrador judicial ou de membro do comitê em falência ou recuperação judicial anterior, foi destituído, deixou de prestar contas dentro dos prazos legais ou teve a prestação de contas desaprovada.

Embora se trate de órgão facultativo, a atuação do comitê de credores é realmente importante diante das atribuições que a lei lhe reserva e que poderão ser relevantes na condução da redução do impacto negativo de uma falência ou no soerguimento de uma empresa em recuperação.

— 4.2.4 —
Quorum

Por se tratar de órgão facultativo, o comitê é composto de classes de credores importantes em uma falência, cuja representatividade de cada credor se traduz na coletividade dessas classes. Assim, as decisões serão tomadas por maioria e serão consignadas em livro de atas, rubricado pelo juiz, que ficará à disposição do administrador judicial, dos credores e do devedor e, ainda como prevê a lei, caso não seja possível a obtenção de maioria em deliberação do comitê, o impasse será resolvido pelo administrador judicial ou, na incompatibilidade deste, pelo juiz.

Devemos destacar que, não havendo a formação do comitê dos credores, as atribuições destinadas para esse órgão caberão ao administrador judicial ou, na sua incompatibilidade, pelo juiz.

— 4.3 —
A arrecadação, a realização do ativo e o pagamento dos credores

Todo esforço realizado pelo processo falimentar deve incluir a arrecadação de bens e a realização do ativo e, após essas ações, o pagamento dos credores. Isso significa que o acervo patrimonial do devedor deve ser especialmente levantado, realizado para a satisfação do maior número possível de credores.

O espírito da lei envolve promover, da melhor forma, a satisfação de um maior número possível de credores. Para tanto, os bens componentes do acervo patrimonial do devedor devem ser arrecadados pelo administrador judicial, que comporão a chamada **massa falida**. Essa universalidade será transformada em dinheiro, cujo procedimento tem a nomenclatura de **realização do ativo**. Após a transformação desse ativo em dinheiro, o produto será destinado ao pagamento dos credores, conforme veremos adiante.

— 4.3.1 —
Busca de bens

O Código Civil brasileiro, Lei n. 10.406, de 11 de janeiro de 2002 (Brasil, 2002), apresenta o conceito de *estabelecimento empresarial* na dicção do art. 1.142 como sendo "todo complexo de bens organizado, para exercício da empresa, por empresário, ou por sociedade empresária". O acervo patrimonial do devedor é composto por esse estabelecimento empresarial.

Desse modo, os bens que deverão ser arrecadados para a satisfação dos credores devem estar localizados nesse estabelecimento empresarial, pois é desse acervo que a atividade empresarial se desenvolve e o patrimônio da empresa devedora se revela. Esse "complexo de bens" é formado por um patrimônio de bens móveis e imóveis, além de bens materiais e imateriais, por exemplo, a propriedade industrial.

O administrador judicial deve inventariar todo esse acervo patrimonial do devedor e identificar, categorizar, individualizar e avaliar os bens para que possam ser arrecadados. Quando se trata de bens imóveis, o administrador judicial deve fazer juntar as respectivas matrículas. Com relação aos bens móveis, o administrador precisa ter cuidado em relação à titularidade e às respectivas restituições a quem de direito.

É tarefa do administrador judicial investigar a totalidade dos bens componentes daquele patrimônio do devedor. Para tanto, ele poderá utilizar-se de várias diligências, tendo o juízo como suporte, que podem ter um resultado positivo, por exemplo, a busca de ativos financeiros por meio do sistema Bacenjud[12], a localização de automóveis com o sistema Renajud[13], a expedição de ofícios aos cartórios de registro de imóveis nos locais em que a empresa devedora mantinha relações comerciais, para que informem a existência de imóveis em nome do devedor. Assim, com esses cuidados, é possível localizar e arrecadar bens do devedor, que serão alienados para satisfazer os direitos dos credores.

As ações revocatória e anulatória

Uma das preocupações relevantes com relação ao levantamento de bens refere-se àqueles que poderão ter sido desviados do patrimônio do devedor no momento de turbulência que a falência implica na vida cotidiana da empresa.

O devedor pode tentar ocultar bens com negócios fraudulentos no desejo de salvaguardar recursos para si mesmo e prejudicar o andamento sadio da falência.

Assim, é importante destacar que, como ferramental para o levantamento de bens, existe a possibilidade de se aforar as **ações anulatória e revocatória**, previstas nos art. 129 e 130 da

---

2   Segundo o Conselho Nacional de Justiça (CNJ, 2020a), "O BacenJud é um sistema que interliga a Justiça ao Banco Central e às instituição bancárias, para agilizar a solicitação de informações e o envio de ordens judiciais ao Sistema Financeiro Nacional, via internet".

3   Segundo o CNJ (2020b), "O Renajud é um sistema on-line de restrição judicial de veículos criado pelo Conselho Nacional de Justiça (CNJ), que interliga o Judiciário ao Departamento Nacional de Trânsito (Denatran). A ferramenta eletrônica permite consultas e envio, em tempo real, à base de dados do Registro Nacional de Veículos Automotores (Renavam), de ordens judiciais de restrições de veículos-inclusive registro de penhora-de pessoas condenadas em ações judiciais".

Lei n. 11.101/2005, respectivamente. Nesse sentido, a referida lei tratou de permitir que sejam utilizadas duas modalidades de ação para retomar bens em situação de duvidosa legitimidade de transferência de ativos, a depender do suporte fático e temporal.

A ações se diferenciam, primeiramente, com a aplicação do termo legal da falência. Isso porque a ação anulatória basear-se-á nas situações previstas no art. 129 da Lei n. 11.101/2005, em que não se fará necessária a prova de conluio ou de ciência da situação de insolvência, vez que as condutas elencadas no art. 129 e seus incisos já demonstram presunção de fraude.

Ao revés disso, a ação revocatória tratará das situações previstas no art. 130, em que é imprescindível que a fraude e o conluio sejam, inequivocadamente, comprovados e cujo objeto muito se próxima do tratado pela chamada *ação pauliana*, com previsão no direito civil.

Percebemos, portanto, que, em um contexto geral, ambas as ações (anulatória e revocatória) têm o intuito de retomar bens para a falida que foram usurpados mediante fraude, sendo que apenas se diferenciam porquanto nesta última é necessário que se prove o conluio, ao passo que naquela os atos praticados já são presumidamente fraudulentos

A previsão do art. 129 da Lei de Falências descreve como fraudulentas as seguintes condutas do devedor (que tenham ou não intenção de fraudar, mesmo sem o conhecimento da situação de insolvência do devedor): a) pagamento de dívidas não vencidas realizado pelo devedor dentro do termo legal, por qualquer meio extintivo do direito de crédito, ainda que pelo desconto do próprio título; b) pagamento de dívidas vencidas e exigíveis realizado dentro do termo legal, por qualquer forma que não seja a prevista pelo contrato; c) constituição de direito real de garantia, inclusive a retenção, dentro do termo legal, tratando-se de dívida contraída anteriormente; se os bens dados em hipoteca forem objeto de outras posteriores, a massa falida receberá a parte que devia caber ao credor da hipoteca revogada; d) a prática de atos a título gratuito, desde dois anos antes da decretação da falência; e) renúncia à herança ou a legado, até dois anos antes da decretação da falência; f) venda ou transferência de estabelecimento feita sem o consentimento expresso ou o pagamento de todos os credores, a esse tempo existentes, não tendo restado ao devedor bens suficientes para solver o seu passivo, salvo se, no prazo de 30 dias, não houver oposição dos credores, após serem devidamente notificados, judicialmente ou pelo oficial do registro de títulos e documentos; g) registros de direitos reais e de transferência de propriedade entre vivos, por título oneroso ou gratuito, ou averbação relativa a imóveis realizados após a decretação da falência, salvo se tiver havido prenotação anterior.

Todas essas condutas do devedor relevam uma situação de eventual prejuízo para os credores e/ou quebra da *pars conditio creditorum*. Caso sejam identificadas qualquer uma dessas práticas do devedor, serão considerados nulos os negócios jurídicos firmados perante a massa falida e o resultado da ação será o retorno em dinheiro para o ativo, no intuito de se aumentar o número de credores satisfeitos.

A ineficácia dos negócios jurídicos invalidados pode ser declarada de ofício pelo juiz, caso seja identificada a ocorrência de qualquer das modalidades previstas na lei. Mas, também, poderá ser requerida a declaração de ineficácia desses negócios jurídicos, incidentalmente ou em ação anulatória.

Por seu turno, a ação prevista no art. 130 da Lei n. 11.101/2005 (ação revocatória) tem requisitos e pressupostos diferentes. Os atos lá elencados carecem de prova de que foram praticados com a intenção de prejudicar credores, cabendo ao autor produzir a prova do conluio fraudulento entre o devedor e o terceiro que com ele contratar, bem como o efetivo prejuízo sofrido pela massa falida. Assim, o objeto dessa ação é o retorno de bens que tiverem sido desviados do patrimônio do devedor, sendo necessário demonstrar o prejuízo, além da conspiração entre os agentes e, ainda, o *animus* dos contratantes de prejudicar credores.

O administrador judicial, qualquer credor ou o Ministério Público estão legitimados para propor essa ação dentro do prazo de três anos, contados da decretação da falência, sob pena de decadência.

Esses dois instrumentos são meios importantíssimos a serviço de uma falência escorreita e eficaz na busca de redução do impacto negativo econômico da quebra de uma empresa.

— 4.3.2 —
Venda de bens e satisfação de créditos

Como vimos anteriormente, os bens devem ser arrecadados pelo administrador judicial e deve ser lançado no processo um **auto** com as informações acerca das condições de cada bem arrecadado, sua condição física e avaliação, para que possa ser iniciada a venda desses bens.

A alienação deverá seguir da seguinte maneira, preferencialmente: com a alienação da empresa com a venda de seus estabelecimentos em bloco; alienação da empresa, com a venda de suas filiais ou unidades produtivas isoladamente; alienação em bloco dos bens que integram cada um dos estabelecimentos do devedor; alienação dos bens individualmente considerados.

A intenção do legislador nesse caso é tentar evitar a fragmentação do estabelecimento empresarial e a redução do valor de mercado desses bens e, por conseguinte, aumentar as expectativas de levantamento de dinheiro para pagamento dos credores. Devemos registrar que, se for oportuno, a alienação poderá se dar de outros modos não elencados pela lei, desde que haja autorização judicial para tanto.

É importante destacar que, se houver bens frágeis, eles podem ser vendidos antecipadamente logo após o inventário e a respectiva avaliação. Isso porque o procedimento de alienação judicial pode ser moroso e aqueles bens perecíveis podem não resistir ao tempo necessário para alienação judicial.

Conforme prevê o art. 113 da Lei de Falências, Lei n. 11.101/2005, os bens perecíveis, deterioráveis, sujeitos à considerável desvalorização ou que sejam de conservação arriscada ou dispendiosa, poderão ser vendidos antecipadamente, mediante autorização judicial, ouvidos o Comitê e o falido no prazo de 48 horas.

Com relação aos demais bens, a alienação deve seguir a seguinte ordem: leilão, por lances orais; propostas fechadas e pregão. Cabe ao juiz determinar qual é a melhor modalidade de alienação para o caso concreto e designar um profissional capacitado para tanto.

Com a transformação dos bens em espécie, o ato contínuo do processo falencial é dar início ao pagamento dos credores, seguido do encerramento da falência.

— 4.4 —
O encerramento da falência

Como todo processo judicial, o processo falimentar também deve ser encerrado por meio de sentença, ato judicial que extingue o processo de execução ou encerra a fase de conhecimento. Por se tratar de falência que é uma execução concursal, como exaustivamente vimos neste texto, a sentença extinguirá a execução e, consequentemente, extinguirá a atividade empresarial do devedor.

Precisamos estar atentos ao fato de que um processo falimentar pode conter mais de uma sentença durante seu curso, pois, como já vimos, o início da falência e, consequentemente da execução concursal, dá-se por uma decisão que têm natureza jurídica de decisão interlocutória, embora tenha denominação de *sentença*, conforme já pudemos analisar.

Veremos então, no tópico a seguir, as modalidades de sentenças para o encerramento da falência com a consequente extinção daquela empresa devedora e, também, a sentença de extinção das obrigações do devedor.

— 4.4.1 —
Sentença de encerramento da falência

Na sistemática do Decreto-Lei n. 7.661/1945 havia a possibilidade de se identificar a ocorrência de insuficiência de bens do devedor para sustentar o pagamento dos credores e, especialmente, para os custos de um processo judicial. Era a figura da falência frustrada.

No entanto, desde o advento da Lei n. 11.101/2005, o instituto da falência frustrada não foi repetido na nova sistemática falimentar. Esse instituto tinha previsão no art. 75[4] do Decreto-Lei n. 7.661/1945 exatamente para evitar atos processuais infrutíferos e falências perdurando-se *ad eternum* nos cartórios judiciais, quando estiver nítida a insuficiência de bens do devedor.

---

4 Decreto-Lei n. 7.661/1945: "Art. 75. Se não forem encontrados bens para serem arrecadados, ou se os arrecadados forem insuficientes para as despesas do processo, o síndico levará, imediatamente, o fato ao conhecimento do juiz, que, ouvido o representante do Ministério Público, marcará por editais o prazo de dez dias para os interessados requererem o que fôr a bem dos seus direitos".

Entretanto, caso o juízo identifique essa ocorrência, poderá, com base em uma interpretação sistemática do parágrafo 4º[5] do art. 192 da Lei n. 11.101/2005, aplicar o rito especial da falência frustrada previsto na sistemática anterior e, assim, extinguir a falência nesses moldes. Tal procedimento tem amparo na jurisprudência brasileira.

Com base no exposto, é possível perceber que a falência frustrada será pertinente no caso concreto, ainda que sob processos ajuizados depois de 9 de fevereiro de 2005. É uma questão de economia processual e descongestionamento do Poder Judiciário, com processos sem possibilidade de resultado prático.

A previsão legislativa atual aduz que, realizado o ativo, pagos os credores, o administrador judicial elaborará o relatório final. Então o juiz deverá encerrar a falência por meio de uma sentença, contra a qual, naturalmente, cabe recurso de apelação. Essa sentença de encerramento do processo deverá também extinguir a atividade empresarial, sendo encaminhado aos órgãos registrários o ofício para que eles assentem a referida extinção.

Com o trânsito em julgado da sentença, deve ser promovida aa baixa da distribuição e aguardado eventual pedido de extinção das obrigações do falido, nos termos do que veremos adiante.

---

5   Lei n. 11.101/2005: "§ 4º. Esta Lei aplica-se às falências decretadas em sua vigência resultantes de convolação de concordatas ou de pedidos de falência anteriores, às quais se aplica, até a decretação, o Decreto-Lei nº 7.661, de 21 de junho de 1945, observado, na decisão que decretar a falência, o disposto no art. 99 desta Lei".

— 4.5 —
A extinção das obrigações do falido

Uma das melhores situações desejadas pelos agentes em um processo de falência é a quitação de todas as obrigações do falido. Entretanto, é consabido, e até esperado, que, se houve decretação de falência, o desequilíbrio financeiro e econômico da empresa impeça a satisfação de todos e alguém ficará sem receber seu crédito. Como já vimos, as obrigações não podem durar para sempre, pois têm a nota da transitoriedade. Assim, não seria razoável exigir que o devedor ficasse compromissado com as obrigações derivadas da atividade empresarial sem prazos e limites. Por isso, o legislador prescreve alguns requisitos para reconhecer a extinção das obrigações do devedor após o encerramento da falência.

A Lei n. 11.101/2005 elenca os requisitos, ou condições, para a extinção das obrigações do falido na seguinte ordem: a) pagamento de todos os créditos; b) pagamento, depois de realizado todo o ativo, de mais de 50% dos créditos quirografários, sendo facultado ao falido o depósito da quantia necessária para atingir essa porcentagem se para tanto não bastou a integral liquidação do ativo; c) decurso do prazo de cinco anos, contado do encerramento da falência, se o falido não tiver sido condenado por prática de crime previsto nesta lei; d) decurso do prazo de dez anos, contado do encerramento da falência, se o falido tiver sido condenado por prática de crime previsto nesta lei.

Analisaremos a seguir, uma a uma, as possibilidades de extinção das obrigações do falido, primeiro por pagamento e depois pelo decurso do tempo.

— 4.5.1 —
Extinção por pagamento

A primeira forma de extinção das obrigações do falido ocorre com o pagamento de todos os créditos. O legislador acaba por dizer o óbvio e algo muito improvável de acontecer. Isso porque, se houvesse dinheiro para o pagamento de todos os credores, não seria caso de falência, tampouco se trataria de recuperação judicial. Contudo, a previsão legal existe e deve ser levada em consideração na hora da extinção das obrigações do falido.

A segunda hipótese, um pouco mais factível, pois, como pudemos observar, a grande massa de credores concentra-se nos credores quirografários, é a que provisiona o pagamento de, pelo menos, 50% dos créditos quirografários, o que, caso o devedor consiga realizar, culminará na extinção das obrigações. É importante notar que o legislador prescreveu uma via alternativa de extinção, permitindo que os sócios completem o valor para a extinção, integral, das obrigações.

Da análise de casos observados pode ser até interessante para o devedor realizar essa complementação, diante da possibilidade de serem transferidas as obrigações da empresa falida para a responsabilidade pessoal do sócio falido.

Devemos notar que não é tão simples atender o que diz a lei. A determinação legal aduz que o pagamento dos credores deve seguir a seguinte ordem: realizadas as restituições, pagos os créditos extraconcursais, na forma do art. 84 da lei, e consolidado o quadro geral de credores, as importâncias recebidas com a realização do ativo serão destinadas ao pagamento dos credores, atendendo à classificação prevista no art. 83 dessa lei.

Assim, o dinheiro que o devedor deve ter levantado com a realização do ativo e que poderia significar a extinção de suas obrigações deve ser suficiente para, residualmente, satisfazer os pagamentos antecipados, as verbas salariais imediatas, os créditos extraconcursais e, com relação aos créditos concursais, satisfazer os credores na seguinte ordem:

a. **os créditos derivados da legislação do trabalho**, limitados a 150 salários-mínimos por credor, e os decorrentes de acidentes de trabalho;

b. **créditos com garantia real** até o limite do valor do bem gravado;

c. **créditos tributários**, independentemente da sua natureza e tempo de constituição, excetuadas as multas tributárias;

d. **créditos com privilégio especial**, a saber, os previstos no art. 964 do Código Civil, os assim definidos em outras leis civis e comerciais, salvo disposição contrária da lei, também aqueles a cujos titulares a lei confira o direito de retenção sobre a coisa dada em garantia, também aqueles em favor dos microempreendedores individuais e das microempresas e empresas de pequeno porte;

e. **créditos com privilégio geral**, a saber, os previstos no art. 965 do Código Civil, também os previstos no parágrafo único do art. 67 da lei e, também os assim definidos em outras leis civis e comerciais e, por fim, **satisfazer 50%** dos;

f. **créditos quirografários**, a saber, aqueles não previstos nos demais incisos do art. 83 da Lei de Falências, também os saldos dos créditos não cobertos pelo produto da alienação dos bens vinculados ao seu pagamento e, também, os saldos dos créditos derivados da legislação do trabalho que excederem o limite estabelecido de 150 salários-mínimos.

Como vimos, essa extinção das obrigações do falido com o pagamento de 50% dos credores quirografários muito se aproxima da **teoria do adimplemento substancial**, que é uma forma de se reconhecer a proporcionalidade da satisfação das obrigações. Caso ocorresse o pagamento substancial da dívida, não haveria motivos para a resolução do negócio realizado e a cobrança do saldo seria de outra ordem.

O que devemos considerar como certo é que o legislador pretendeu equilibrar as coisas entre credores e devedor.

— 4.5.2 —
Extinção por decurso de tempo

Todas as obrigações nascem para serem extintas. Esse é o caminho natural e necessário. A extinção da obrigação é sempre intrínseca ao seu nascimento e à sua extinção, seja por pagamento – que é algo normal – seja por decurso do tempo, pois o tempo é fundamental na estabilidade das relações jurídicas.

Na busca por segurança, as relações jurídicas não podem protrair-se de modo indeterminado. Devem sempre ter começo, meio e fim, sob pena de causar a indesejada insegurança jurídica. As relações jurídicas das quais emanam obrigações não podem eternizar-se, pois significariam incertezas e instabilidade entre as pessoas.

Por essas pequenas razões, o legislador aponta, também, o decurso do tempo como forma de extinção das obrigações do falido.

A primeira hipótese, prevista no inciso III do art. 158 da Lei n. 11.101/2005, prescreve que, ocorrendo o decurso do prazo de cinco anos, contado do encerramento da falência, se o falido não tiver sido condenado por prática de crime previsto na lei, suas obrigações estarão extintas.

A segunda hipótese, prevista no inciso IV da Lei n. 11.101/2005, aumenta o tempo, prevendo o decurso do prazo de dez anos, contado do encerramento da falência, se o falido tiver sido condenado por prática de crime previsto nessa lei.

O critério utilizado pelo legislador foi o cometimento de crime falimentar, como uma forma de contraestimular a prática de delitos falimentares e estimular uma conduta idônea do devedor.

Capítulo 5

A defesa da concorrência

Desde os tempos mais longínquos o homem compete. Somos competitivos. A tradução desse comportamento humano se reflete na busca da sobrevivência, quando competimos com a natureza em busca de oferecer um suporte mínimo para nossa existência e de nossa família e, também, quando buscamos a competição em nossos momentos de lazer, como nos esportes, como forma de entretenimento, afinal, *a gente não quer só comida*...

Entretanto, sabe-se também que sempre que a competição estiver presente, há de se permitir, salvo quando em estado de natureza, que a circunstância dessa competição deva ser equilibrada e leal. A prática predatória não é algo que se deseja nas relações humanas.

Com essas pequenas considerações, é importante notar que a atividade empresarial é um ambiente de enorme competição perante as milhares de variáveis que essa atividade representa e que fazem parte da álea de qualquer negócio, vale dizer, a disputa pelo mercado e a manutenção da posição da empresa nesse contexto torna a competição algo saudável para um mercado justo e equilibrado.

Todos ganham quando a concorrência se faz presente, pois o consumidor terá políticas de preços mais relevantes e o empresário terá de desenvolver técnicas empresarias na busca de competitividade para se manter no mercado e, tendencialmente, produtos e serviços tornar-se-iam mais acessíveis aos consumidores.

Portanto, é possível defender que a concorrência é um valor constitucional importante para um mercado equilibrado e sadio em qualquer economia minimamente responsável e comprometida com seus agentes.

O que é necessário ficar registrado é que a concorrência tem pelo menos dois lados: 1) o **saudável e benéfico** para o mercado; 2) o lado **nefasto**, que ocorre quando há desequilíbrio e deslealdade entre os concorrentes e, nesse cenário, a coletividade perde para o empresário individualmente considerado.

A face **saudável e benéfica** reside nos benefícios para os consumidores com o processo competitivo, na redução de preços e no aumento de qualidade.

Na face **nefasta** os preços não baixam, os produtos não melhoram, a arrecadação não aumenta, o dinheiro não circula, os empregos não são gerados e ocorrem muitos outros efeitos deletérios à economia.

Assim, é preciso que o Estado crie um sistema de tutela para a concorrência, para que o mercado e a sociedade possam desenvolver relações jurídicas de modo seguro e confiável, sem a presença do fantasma da concorrência desleal e das práticas predatórias.

A concorrência é de substancial importância na economia de um país, uma vez que assegura o bom funcionamento do mercado, permitindo que os consumidores tenham à disposição uma diversidade de produtos e serviços com preço e qualidade adequados.

Não se olvida que, na relação de oferta e procura, a concorrência justa mostra-se como elemento imprescindível, pois tem o condão de fazer com que as empresas se aprimorem, investindo em novas tecnologias, o que acaba repercutindo beneficamente no próprio consumidor, bem como na economia em geral.

Diante disso, uma vez que a concorrência pode interferir em questões sociais, políticas e até mesmo culturais, não se pode negar que o direito, enquanto regulador da ordem social, deve, de modo claro, determinar a relevância do fenômeno da concorrência na vida empresarial e econômica, bem como regulá-la, com o fim de conferir eficácia às normas concorrências e obstar práticas abusivas.

Não é outra, aliás, a preocupação do legislador constitucional, quando estabeleceu na inteligência do art. 170 da Constituição (Brasil, 1988), *in verbis*:

> A ordem econômica, fundada na valorização do trabalho humano e na livre iniciativa, tem por fim assegurar a todos existência digna, conforme os ditames da justiça social, observados os seguintes princípios:
>
> I – soberania nacional;
>
> II – propriedade privada;
>
> III – função social da propriedade;
>
> IV – livre concorrência;
>
> V – defesa do consumidor;

VI – defesa do meio ambiente, inclusive mediante tratamento diferenciado conforme o impacto ambiental dos produtos e serviços e de seus processos de elaboração e prestação;

VII – redução das desigualdades regionais e sociais;

VIII – busca do pleno emprego;

IX – tratamento favorecido para as empresas de pequeno porte constituídas sob as leis brasileiras e que tenham sua sede e administração no País.

Há toda uma preocupação estatal com a ordem econômica do nosso país, pois sabe-se que a economia é a mola mestra de uma sociedade capitalista como a brasileira. Tem-se ainda o art. 173, parágrafo 4º da Carta Magna, que também faz impor: "A lei reprimirá o abuso do poder econômico que vise à dominação dos mercados, à eliminação da concorrência e ao aumento arbitrário dos lucros".

Resta definido, além das questões gerais, que quis o legislador reprimir condutas anticompetitivas como um meio para se salvaguardar a livre concorrência e a defesa dos consumidores.

Contudo, é de relevância destacar que, diferentemente do que alguns desavisados possam acreditar, a liberdade de concorrência não significa que sobre esta não deva haver regulamentação, muito pelo contrário. Temos que é a própria regulação quem assegura a competitividade.

É importante referir que, embora entrelaçados, os princípios da livre iniciativa e da livre concorrência não se confundem. Isso porque enquanto a livre iniciativa garante a liberdade dos indivíduos para escolher suas profissões, bem como seus meios de produção, exatamente no molde daquilo que desejarem: a livre concorrência, por possuir caráter instrumental, é princípio determinante para que tanto o mercado quanto o Poder Público funcionem, sendo que ao Poder Público é incumbido o dever constitucional de garantir a concorrência na ordem econômica, sem fixar, direta ou indiretamente, preços de produtos e serviços.

Quanto à participação do Estado como agente econômico, no âmbito do direito concorrencial, ele deve atuar de modo a evitar que o seu poder econômico concentrado ocasione o controle da política econômica, isentando-se, dessa forma, de uma atuação que resulte na direta regulação da economia.

Há duas formas de o Estado participar da economia: 1) diretamente, por meio de empresas públicas ou sociedades de economia mista, de criação autorizada pelo texto constitucional sempre que houver relevante interesse coletivo ou imperativos de segurança nacional (art. 173 da Constituição da República), hipótese em que o Estado atuará como verdadeiro agente econômico; 2) indiretamente, atuando como agente normativo, regulador e fiscalizador, estabelecendo limites ao empresariado privado, objetivando a garantia da existência digna, nos moldes do que preleciona o princípio da justiça social.

Um importante destaque que é necessário ser feito é a *intervenção* do Estado na economia por meio da utilização dos tributos conhecida como *extrafiscalidade*. O Estado, quando quer regular e disciplinar um setor da economia, para além dos meios regulatórios e na sua atuação direta, pode se servir na sua atuação da forma interventiva na sua face arrecadatória. Isso quer dizer que é possível, com a redução da carga tributária, estimular um mercado para seu desenvolvimento por meio da redução de custos ou com o aumento de tributos para reprimir práticas predatórias desse mesmo mercado. Tudo no intuito de intervir na economia.

Nesse modelo de atuação, o alcance da efetivação do princípio da livre iniciativa inclui, além de fiscalização e planejamento, reprovação e falta de incentivo aos atos de concentração que configurem abuso de poder econômico ou de posição dominante.

Importante é a diferenciação entre as expressões *poder econômico* e *posição dominante* no planejamento de condutas assertivas que visem à efetivação do princípio da justiça social.

Enquanto a posição dominante tem relação direta com a participação de mercado da empresa (o chamado *market share*), o poder econômico remete à condição econômica da empresa (analisada dentro do grupo econômico do qual ela faz parte). É claro, todavia, que a mera posição dominante ou poder econômico não são, por si só, atos de concentração capazes de ocasionar eventual punição do Estado. Para que tal repressão exista, é imprescindível que haja inconteste abuso dessa posição ou desse poder.

Nesse sentido, a fim de detectar-se a configuração ou não de eventual abuso, é necessário que se promova uma análise restritiva à formação de trustes, cartéis e combinações monopolísticas similares, dividindo-se o mercado relevante em material e geográfico.

O **mercado relevante material** é aquele que busca atingir um mesmo público-alvo, englobando produtos e serviços considerados substituíveis por outros pelos consumidores, em função de características, preços e utilização, ao passo que o **mercado relevante geográfico** se refere à delimitação da área competitiva, ou seja, o espaço geográfico em que a concorrência está sofrendo ou potencialmente possa vir a sofrer impactos de condutas anticoncorrenciais.

A atuação repressiva do Estado na economia reflete o seu exercício de disciplina e controle econômico que encontra guarida, exatamente, no poder de polícia atribuído ao órgão estatal, por força da Constituição. É possível, assim, configurar como poder de polícia o que prevê o art. 78 do Código Tributário Nacional, Lei n. 5.172, de 25 de outubro de 1966 (Brasil, 1966), considerando poder de polícia a atividade da administração pública que, limitando ou disciplinando direito, interesse ou liberdade, regula a prática de ato ou abstenção de fato, em razão de interesse público concernente à segurança, à higiene, à ordem, aos costumes, à disciplina da produção e do mercado, ao exercício de atividades econômicas dependentes de concessão ou autorização do Poder Público, à tranquilidade pública ou ao respeito à propriedade e aos direitos individuais ou coletivos.

Desse modo, para que o Estado intervenha corretivamente, deve haver respaldo em uma real justificativa, em respeito ao princípio da eficiência, o qual se desdobra em um conceito alocativo produtivo, dinâmico ou transacional.

Por fim, devemos perceber que é justamente com base nesse critério de eficiência que o Estado deverá analisar se o ato anticompetitivo é benéfico ou não à ordem econômica, ponderando, a partir dessa análise, quais atos devem ser ou não reprimidos.

— 5.1 —
A Lei de Defesa da Concorrência (Lei n. 12.529/2011)

O mercado é dinâmico. Todos os dias ele sofre com as alterações da velha lógica da oferta e procura na raiz do desenvolvimento de suas atividades empresariais. As empresas precisam estar sempre atentas ao que a procura dos consumidores está a exigir, para poder ofertar aquilo que eles desejam. Trata-se da eterna dimensão mais simples do desenvolvimento do mercado. Produz-se o que as pessoas procuram. Nessa simples equação, estão embutidas as mais densas complexidades quando se trata de concorrência, pois o empresário precisa sempre estar alerta ao mercado em que atua, sob pena de perda superveniente de viabilidade econômica, algo que poderá ocasionar a quebra da empresa.

Outra situação relevante se refere ao processo de globalização, que ocasionou o aumento da velocidade dos mercados, ainda mais se for considerada a tendência de radicalização da competitividade entre os atores econômicos determinada pela vigência do neoliberalismo.

Nesse sentido, diante dessa expansão, tornou-se necessário que as empresas buscassem, com mais afinco, o controle sobre as etapas do processo produtivo, bem como a redução de custos, para se adequar à velha fórmula da oferta e procura.

Porém, para manter o equilíbrio dessa busca de expansão econômica, fez-se necessária, justamente com o objetivo de vedar eventuais medidas que tendem a impossibilitar o bom funcionamento do mercado, a criação do Sistema Brasileiro de Defesa da Concorrência (SBDC), salutar órgão da economia nacional, regido, hodiernamente, pela Lei n. 12.529, de 30 de novembro de 2011 (Brasil, 2011).

Diante de toda a complexidade própria do mercado, tornou-se uma tarefa árdua definir quando há a ocorrência de um crime ou de uma infração à ordem econômica. Com o escopo de viabilizar essa tarefa, a Lei n. 12.529/2011 dispôs acerca de fatores e definições trazidos que auxiliam os métodos dessa investigação.

Não podemos duvidar que uma das consequências do aumento da importância do mercado, aliado ao neoliberalismo descontrolado, foi a transformação, tanto das pessoas como de todo o resto, em meros produtos.

Diante desse cenário, tornou-se fundamental que o Estado agisse de modo a "autorregular-se" no que concerne à questão de mercado e no tocante às situações éticas e sociais.

O Estado precisa impor limites para o afã da obtenção do lucro, sob pena de, não o fazendo, serem vivenciadas situações drásticas, como o desastre em Mariana, no estado de Minas Gerais, que acabou com a vida do Rio Doce, ou as descobertas de trabalho em condições análogas a escravidão (quando não são de real escravidão) a que grandes marcas submetem diversas pessoas e, obviamente, no próprio apelo de que tais marcas se utilizam como forma de vender esses produtos.

Ainda, nesse diapasão, como meio de controle da obtenção do lucro a qualquer custo, inclusive como meio de obstar a dominação indevida de mercado, atua, com inconteste relevância, o SBDC.

Diz-se isso, pois o exercício do monopólio, em que empresas compram os concorrentes ou fundem-se com eles, poderá servir, não poucas vezes, como forma de se obter poder dentro do mercado, inviabilizando o livre comércio e sendo ditados preços sem critérios. Tais atos de concentração devem ser julgados e analisados pelo Conselho Administrativo de Defesa Econômica (Cade), que interpretará a ocorrência ou não de crime econômico, decorrente de determinado ato.

— 5.1.1 —
Livre iniciativa

A liberdade é um dos bens mais preciosos do ser humano. Vivemos sempre em busca de sermos livres e senhores de nossas decisões. Mas, ao mesmo tempo em que queremos liberdade, temos de respeitar a liberdade alheia, sob pena de não conseguirmos viver em sociedade. Ou seja, viver em sociedade é viver limitado. E *agora José*? Como poderemos ser livres em sociedade com essas limitações, se tendemos a nos ver e desejar sermos plenamente livres?

A resposta é mais simples do que imaginamos, pois, ser livre não é nem nunca significará poder fazer o que se quer sem considerar o contexto social em que o sujeito está inserido. A liberdade significa que é do contexto em que está inserido que a pessoa poderá fazer escolhas livres, vale dizer, liberdade é ter a possibilidade de fazer escolhas dentre as possíveis em um contexto social e econômico.

O mercado, do mesmo modo que as pessoas, quer ser livre e padece, também, de angústias semelhantes às que foram aqui elencadas. A questão que surge é identificar em que medida esse mercado será livre e em que medida a livre iniciativa limita a liberdade desejada no mercado, pois é preciso considerar, como já dito, que a liberdade do mercado deve ponderar o contexto social e econômico.

A ordem econômica, no seu viés constitucional, funda-se, essencialmente, na atuação livre do mercado. Desse modo, podemos inferir que a livre iniciativa é o princípio fundamental dentro do ordenamento jurídico brasileiro, uma vez que atua de modo a assegurar que preços de bens e serviços sejam estabelecidos, livremente, pelo mercado.

O princípio da livre iniciativa é composto por elementos que lhe conferem conteúdo; todos esses elementos referem-se a desdobramentos do próprio texto constitucional, ao tratar da livre iniciativa. O referido princípio pressupõe, *prima facie*, a existência de propriedade privada, ou seja, apropriação particular dos bens e meios de produção (Constituição Federal, art. 5º, XXII e art. 170, II).

Devemos registrar que a livre iniciativa é uma das decorrências da função social da propriedade, tão propalada em outros fóruns, mas que aqui ganha especial relevo, pois essa função conecta-se com a produção de bens e serviços livremente, de modo a gerar renda e postos de trabalho, cumprindo, assim, sua função social.

Diante disso, o cerne do conceito de *livre iniciativa* não é outro senão o de "liberdade de empresa", conceito abstrato, materializado no parágrafo único do art. 170 da Constituição Federal, que assegura a todos o livre exercício de qualquer atividade econômica, independentemente de autorização, salvo nos casos previstos em lei.

Encontra-se igualmente no conceito de *livre concorrência* uma oportunidade para que o empreendedor estabeleça preços, de modo discricionário, determinados pelo mercado, em ambiente competitivo e livre (CF, art. 170, IV).

A livre fixação de preços, por sua vez, constitui o conteúdo essencial da livre iniciativa e não pode ser validamente prejudicada, ou seja, não cabe ao Estado atuar fora de seu papel fiscalizador, determinando ao empreendedor o que produzir, onde comercializar e que preços praticar. O mercado, por regra, deve ser livre, bem como atuar de modo livre, sem intervenções estatais, além daquelas na manutenção da ordem econômica.

Por último, mas não menos importante, é a liberdade de contratar, pois ela decorre da consequência lógica do princípio da legalidade, fundamento basilar de todas as liberdades, o qual preceitua que ninguém deve ser obrigado a fazer ou deixar de fazer alguma coisa senão em virtude de lei (CF, art. 5º, II). Sob a perspectiva privada, a liberdade de contratar é a chamada *autonomia da vontade*; sob a perspectiva pública, é chamada de *legalidade estrita*.

Diante dessas liberdades (livre concorrência, livre iniciativa, liberdade de empresa, liberdade de contratar etc.), não se pode questionar que o sistema constitucional torna o particular protagonista da ordem econômica brasileira, vedando que a atividade estatal consista em regulação indevida ou intromissão descabida.

Conforme há muito já defende a doutrina especializada, tem o particular o direito subjetivo à livre concorrência e à busca do lucro, observando sempre, por óbvio, seu dever jurídico de também observar os princípios de funcionamento da atividade econômica.

— 5.2 —
Sistema Brasileiro de Defesa da Concorrência

É importante registrar que, quando alguém se refere à ideia de *sistema*, é de bom tom fazer uma pequena, mas necessária, inserção nesse conceito. Isso tem a finalidade didática de se contextualizar a alocação da defesa da concorrência como *sistema*.

Assim, pode-se conceituar *sistema* como um conjunto de elementos harmônicos e independentes que interagem entre si. A teleologia do sistema é atribuir racionalidade interpretativa aos elementos que o compõem e harmonizar a convivência desses elementos dentro desse sistema. No que diz respeito à concorrência, existem vários elementos derivados da legislação, que devem interagir entre si de modo harmônico e independente, unidos pelo sistema que os reúne. O Brasil adota um sistema de "defesa" da concorrência, revelando que entende que a concorrência é algo natural e necessário no mercado.

Portanto, o Estado tutela essa concorrência de modo a permitir que as empresas possam exercer a livre iniciativa e sintam-se seguras em um mercado que será regulamentado e protegido de deslealdades traduzidas em práticas predatórias de preços e/ou fusões, incorporações societárias com o fim de manipular o mercado e criar monopólios.

Algumas empresas, ao se fundirem, podem fazê-lo objetivando ter alguma vantagem. A título de exemplo, pouco tempo atrás, o Banco Itaú comprou 50% do Unibanco, tornando-se o maior representante da área em todo o hemisfério sul. Por óbvio que tal compra não fora capaz de tornar o Banco Itaú um monopólio (basta vermos as infinidades de opções ao dispor do cidadão), contudo, em algumas outras áreas, jogadas financeiras e econômicas como essa podem ocasionar o surgimento de um monopólio, o que, indubitavelmente, só faz enfraquecer o exercício da livre concorrência e, consequentemente, obriga o consumidor a enfrentar uma piora na qualidade dos produtos e serviços, além de promover a prática de preços também menos atraentes. Com o fim de obstar tal prática, foi criado o Sistema Brasileiro de Defesa da Concorrência (SBDC).

O SBDC não é unanimemente elogiado. Existem, por certo, grandes nomes e defesas acirradas para ambos os lados. O professor André Santa Cruz Ramos (2016), por exemplo, é incisivo ao afirmar, até pela visão liberal adotada em seus posicionamentos, que não existem elogios a se fazer à Lei n. 12.529/2011, tampouco ao órgão que ela disciplina. Defende o jurista que "numa economia de livre mercado genuíno, é absolutamente desnecessária a existência de um órgão antitruste, razão pela qual o Cade deveria ser extinto, e não reformulado por uma lei que lhe deu ainda mais poder para perseguir empresas e 'planejar' a economia" (Ramos, 2016). Posição deveras radical da qual não se concorda.

Por outro lado, outro nome de renome, Fabio Ulhôa Coelho (2016), defende que o instituto possui grau constitucional, fundamentando que "em consonância com a definição de um regime econômico de inspiração neoliberal, pela Constituição, o legislador ordinário estabeleceu mecanismos de amparo à liberdade de competição e de iniciativa. Estes mecanismos, basicamente, configuram a coibição de práticas empresariais incompatíveis com o referido regime, as quais se encontram agrupadas em duas categorias: infração à ordem econômica e concorrência desleal" (Coelho, 2016, p. 212).

Embora ambos os doutrinadores partam de argumentos fortes, aqui, identificamo-nos com o *status* constitucional do instituto, o qual, diante de um sistema econômico capitalista, extremamente feroz, tem a importante missão de proteger a sociedade e o próprio mercado.

Evidentemente, as coisas estão bem longe do modelo ideal. Porém, é necessário ressaltar que, como um sistema, a defesa da proteção da concorrência encontra em seus elementos os dois lados dessa moeda. O que é importante dizer é que é preciso melhorar a qualidade dos elementos que compõem o sistema diuturnamente para então haver um sistema cada vez melhor.

— 5.2.1 —
O sistema criado pela lei

Como é possível ao cidadão hipossuficiente, economicamente falando, defender-se de movimentos articulados pelas grandes corporações contra a sufocante imposição de cartéis, trustes, monopólios e práticas predatórias econômicas das mais diversas? Sob a perspectiva individual, é quase impossível qualquer defesa. Assim, o Estado assume a responsabilidade de evitar todas as práticas nocivas da concorrência e o faz por meio de regulação, fiscalização e atuação direta ou indireta do mercado. A atuação mais contundente do Estado na regulação e fiscalização foi a criação do SBDC, que, como já referido, é um conjunto de elementos. Esses elementos serão aqui analisados com a intenção de revelar seu conteúdo, sendo que o principal deles, o Cade, reunirá vários outros elementos dentro de si.

O Cade é uma autarquia federal em regime especial, com jurisdição em todo o território nacional.

Esse conselho surgiu com a Lei n. 4.137, de 10 de setembro de 1962 (Brasil, 1962), como um órgão integrante do Ministério da Justiça. No momento da criação, o Cade foi incumbido de atribuições diferentes das que tem hoje. Sua atribuição precípua era a fiscalização da gestão econômica e do regime de contabilidade das empresas com atuação no território nacional.

Com o advento da Lei n. 8.884, de 1 de junho de 194 (Brasil, 1994), o Cade passou de uma autarquia integrante do Ministério da Justiça para uma autarquia meramente vinculada esse órgão. Nessa lei, definiram-se as atribuições do Cade, da Secretaria de Direito Econômico (SDE), do Ministério da Justiça, da Secretaria de Acompanhamento Econômico (Seae) e do Ministério da Fazenda. Esses órgãos, unidos, tornavam-se responsáveis pela defesa da livre concorrência no Brasil.

Em 2011, por meio de uma nova alteração legislativa, foi promulgada a Lei n. 12.529/2011, o que acarretou diversas alterações no campo administrativo para efetivação do controle realizado pelo Cade.

A partir do início da vigência da Lei n. 12.529/2011, o SBDC passou por forte reestruturação. Suas estruturas administrativas foram modificadas, objetivando aprimorar a atuação desse conjunto de órgãos governamentais, dando eficiência e celeridade às investigações e julgamentos das condutas anticompetitivas, bem como às análises das operações concernentes à concentração de empresas.

A Lei n. 12.529/2011 passou a estabelecer as novas diretrizes de alguns órgãos administrativos, como o Cade e a Seae.

A responsabilidade do Cade, de acordo com o que previu o legislador, é julgar e punir administrativamente e em instância única, não havendo possibilidade de recurso para outro órgão, pessoas físicas e jurídicas que cometam qualquer tipo de infração à ordem econômica. Também é incumbência do Cade a análise dos atos de concentração, de modo a reprimir a excessiva concentração que impossibilite a concorrência.

Pode-se dizer, resumidamente, que o Cade possui três atribuições principais: 1) função preventiva (controle de fusões, incorporações e outros atos de concentração econômica); 2) função repressiva (combate à cartéis e a outras condutas nocivas à livre concorrência); 3) função educativa (instruir o público sobre a importância da concorrência, bem como as condutas nocivas ao sistema econômico).

Com isso, o modelo criado pela legislação busca dar respostas à sociedade com o combate, basicamente, em duas frentes: punir as infrações à ordem econômica e os atos de concentração.

— 5.3 —
Infrações da ordem econômica e atos de concentração

Para que todos os agentes do mercado tenham ciência e consciência do que é possível, entre as situações econômicas que se apresentam diariamente, e para que haja a necessária segurança jurídica para que eles possam se autodeterminar, o sistema apresenta um rol de condutas que revelam a prática de atos indesejados no mercado e que serão devidamente punidos e anulados, para manter a incolumidade do sistema.

Os bens jurídicos protegidos pela Lei n. 12.529/2011 são ditos *difusos*, pois são de titularidade de toda a coletividade, conforme o art. 1º, parágrafo único, da referida legislação.

O legislador, ao elaborar a Lei n. 12.529/2011, escolheu partir de uma premissa muito importante que é entender-se que que o poder econômico será abusivo sempre que visar a dominação de mercado, a majoração arbitrária dos lucros e a extinção da concorrência.

O legislador infraconstitucional, ao alertar acerca do exercício abusivo do poder, consolidou, também, a regulação e a respectiva punição aos descumprimentos. Nesse viés, é importante destacarmos que, quando a Lei n. 12.529/2011 trata do referido abuso, especifica que admitir-se-á a ocorrência da infração, independentemente de o agente tê-la querido cometer ou não, ou seja, desconsiderando o elemento subjetivo volitivo.

Podemos entender por *abuso* todo o ato ou a conduta do agente que, utilizando-se de sua condição de superioridade econômico-financeira, age de modo a prejudicar a concorrência e o funcionamento do mercado ou de modo a aumentar arbitrariamente seus lucros, por meio de de um cerceamento da liberdade do mercado ou da livre iniciativa. É possível perceber, diante disso, que essa conduta não se limita a prejudicar tão somente a ordem econômica, mas afeta, de modo indireto, todos os consumidores.

É diante da gravidade da conduta que o legislador incluiu que, para se caracterizar a abusividade, não é necessário que seja avaliada a intenção de lesar.

As condutas tipificadas como *infrações à ordem econômica* são as mais diversas possíveis. E, para serem caracterizadas como tal, basta que a autoridade verifique a materialização do tipo penal previsto como potencial conduta danosa ao mercado, independentemente se, com a prática dessa conduta, havia a intenção ou não de causar dano.

Nesse viés, a infração à ordem econômica nada mais é do que conduta de abuso de poder. Abuso de poder, por sua vez, é desvio de finalidade, que é constitucionalmente definido como *dominação ilícita dos mercados*, com consequente aumento arbitrário dos lucros e eliminação da concorrência.

A lei vigente fez repetir a maior parte do rol exemplificativo já existente na lei anterior, tendo o cuidado de incluir outras hipóteses relevantes, tais como: a) a exploração ou exercício abusivo de direitos de propriedade industrial, intelectual, tecnologia ou marca; b) a supressão de outras de definição ambígua que acabavam por dificultar a aplicação prática da norma e, consequentemente, ocasionava inaceitável insegurança jurídica. Tutelando tais situações, a Lei n. 12.529/2011 discorre em seu art. 36 acerca das diversas formas de infração à ordem econômica.

O art. 88 da Lei n. 12.529/2011, outra disposição que merece destaque na legislação econômica, trata sobre o controle preventivo dos atos de concentração. Nesse sentido, regulamenta o parágrafo 6º, do mesmo artigo, quais atos de concentração podem ser permitidos pelo Cade, sem que aquela conduta implique a incidência de infração penal.

Tais situações deverão observar os limites estritamente autorizados por lei, necessários para se atingir, cumulado ou alternativamente, o aumento da produtividade ou da competitividade, do melhoramento da qualidade de bens ou serviços ou com o intuito de propiciar a eficiência e o desenvolvimento tecnológico ou econômico a todos os consumidores.

O controle repressivo desses atos de concentração é tratado no art. 36 da referida lei, que será analisada no próximo tópico. O art. 90 da Lei n. 12.529/2011, por sua vez, cuidou de enumerar o que o legislador entendeu por "atos de concentração".

Aliás, o legislador, na inteligência do parágrafo único do mesmo artigo, preocupou-se em delimitar as hipóteses em que tais atos de concentração não se revestem de infração penal, ainda que atuantes em qualquer setor da economia.

Em sentido lato, *infração à ordem econômica* significa "limitar, falsear ou de qualquer forma prejudicar a livre concorrência ou a livre iniciativa". Ou seja, é qualquer conduta que, uma vez praticada, viole o devido processo competitivo em determinado nicho da ordem econômica ou atente contra ele.

Em sentido estrito, *infração à ordem econômica* significa, dentre outras hipóteses: a) formação de cartel; b) venda casada; c) sistemas seletivos de distribuição; d) preços predatórios.

Assim, o relevante a se destacar é que o SBDC contém elementos muito importantes e que a sua existência já se traduz em proteção à defesa da concorrência, mas, como já dito, é preciso melhorar a qualidade desses elementos constantemente para a busca de um sistema ideal.

— 5.3.1 —
As infrações da ordem econômica

A pergunta que surge é a seguinte: Quando se pode identificar uma conduta lesiva à concorrência e, consequentemente, quando se reveste de infração a ordem econômica? Por mais extenso que seja, não podemos deixar de aqui transcrever o art. 36 da Lei n. 12.529/2011, uma vez que elenca um rol exemplificativo (e não taxativo), de condutas que podem ocasionar danos à concorrência:

> I – limitar, falsear ou de qualquer forma prejudicar a livre concorrência ou a livre iniciativa;
>
> II – dominar mercado relevante de bens ou serviços;
>
> III – aumentar arbitrariamente os lucros; e
>
> IV – exercer de forma abusiva posição dominante.
>
> § 1º A conquista de mercado resultante de processo natural fundado na maior eficiência de agente econômico em relação a seus competidores não caracteriza o ilícito previsto no inciso II do caput deste artigo.
>
> § 2º Presume-se posição dominante sempre que uma empresa ou grupo de empresas for capaz de alterar unilateral ou coordenadamente as condições de mercado ou quando controlar 20% (vinte por cento) ou mais do mercado relevante, podendo este percentual ser alterado pelo Cade para setores específicos da economia.

§ 3º As seguintes condutas, além de outras, na medida em que configurem hipótese prevista no caput deste artigo e seus incisos, caracterizam infração da ordem econômica:

I – acordar, combinar, manipular ou ajustar com concorrente, sob qualquer forma:

a) os preços de bens ou serviços ofertados individualmente;

b) a produção ou a comercialização de uma quantidade restrita ou limitada de bens ou a prestação de um número, volume ou frequência restrita ou limitada de serviços;

c) a divisão de partes ou segmentos de um mercado atual ou potencial de bens ou serviços, mediante, dentre outros, a distribuição de clientes, fornecedores, regiões ou períodos;

d) preços, condições, vantagens ou abstenção em licitação pública;

II – promover, obter ou influenciar a adoção de conduta comercial uniforme ou concertada entre concorrentes;

III – limitar ou impedir o acesso de novas empresas ao mercado;

IV – criar dificuldades à constituição, ao funcionamento ou ao desenvolvimento de empresa concorrente ou de fornecedor, adquirente ou financiador de bens ou serviços;

V – impedir o acesso de concorrente às fontes de insumo, matérias-primas, equipamentos ou tecnologia, bem como aos canais de distribuição;

VI – exigir ou conceder exclusividade para divulgação de publicidade nos meios de comunicação de massa;

VII – utilizar meios enganosos para provocar a oscilação de preços de terceiros;

VIII – regular mercados de bens ou serviços, estabelecendo acordos para limitar ou controlar a pesquisa e o desenvolvimento tecnológico, a produção de bens ou prestação de serviços, ou para dificultar investimentos destinados à produção de bens ou serviços ou à sua distribuição;

IX – impor, no comércio de bens ou serviços, a distribuidores, varejistas e representantes preços de revenda, descontos, condições de pagamento, quantidades mínimas ou máximas, margem de lucro ou quaisquer outras condições de comercialização relativos a negócios destes com terceiros;

X – discriminar adquirentes ou fornecedores de bens ou serviços por meio da fixação diferenciada de preços, ou de condições operacionais de venda ou prestação de serviços;

XI – recusar a venda de bens ou a prestação de serviços, dentro das condições de pagamento normais aos usos e costumes comerciais;

XII – dificultar ou romper a continuidade ou desenvolvimento de relações comerciais de prazo indeterminado em razão de recusa da outra parte em submeter-se a cláusulas e condições comerciais injustificáveis ou anticoncorrenciais;

XIII – destruir, inutilizar ou açambarcar matérias-primas, produtos intermediários ou acabados, assim como destruir, inutilizar ou dificultar a operação de equipamentos destinados a produzi-los, distribuí-los ou transportá-los;

XIV – açambarcar ou impedir a exploração de direitos de propriedade industrial ou intelectual ou de tecnologia;

XV – vender mercadoria ou prestar serviços injustificadamente abaixo do preço de custo;

XVI – reter bens de produção ou de consumo, exceto para garantir a cobertura dos custos de produção;

XVII – cessar parcial ou totalmente as atividades da empresa sem justa causa comprovada;

XVIII – subordinar a venda de um bem à aquisição de outro ou à utilização de um serviço, ou subordinar a prestação de um serviço à utilização de outro ou à aquisição de um bem; e

XIX – exercer ou explorar abusivamente direitos de propriedade industrial, intelectual, tecnologia ou marca.

Uma dessas condutas lesivas à concorrência, aliás, conduta bem recorrente no âmbito comercial mundial, substancialmente com o fortalecimento do capitalismo, é o **cartel**, caracterizado por: "acordo ou prática concertada entre concorrentes para fixar preços, dividir mercados, estabelecer quotas ou restringir produção, adotar posturas pré-combinadas em licitação pública, ou que tenha por objeto qualquer variável concorrencialmente sensível" (Brasil, 2016).

Os cartéis, por ocasionarem aumentos de preços e restrição de oferta, sem nenhum benefício econômico compensatório, causam nefastos prejuízos aos consumidores, de modo a tornar determinados bens e serviços completamente inacessíveis a alguns e inexplicavelmente caros para outros.

Nesse sentido, outra prática vedada pelo ordenamento pátrio vigente é o famigerado preço predatório. Tal conduta nada mais é que a prática deliberada de preços abaixo do custo, com o objetivo de eliminar concorrentes para, posteriormente, explorar o poder de mercado conquistado, exatamente, por meio dessa prática predatória.

Vale mencionar, dado o espírito informativo e didático desta obra, que qualquer empresário que se se sentir prejudicado por condutas concorrenciais inadmitidas pelo direito brasileiro deve fazer denúncia aos órgãos de defesa da concorrência, a fim de que esses **órgãos** iniciem uma investigação.

Assim, após uma análise pormenorizada dos preços, custos e demais condições do mercado é que será possível determinar se realmente houve a prática de preço predatório ou se a empresa acusada somente é mais eficiente do que as concorrentes.

— 5.4 —
Controle de concentrações

Os denominados **atos de concentração** são aqueles que podem surgir na ocasião das transformações societárias com a incorporação ou fusão de empresas concorrentes, ou não, mas que podem significar monopólio ou qualquer outra situação nociva ao mercado. Considera-se ato de concentração realizado as seguintes práticas:

a. duas ou mais empresas anteriormente independentes se fundem;

b. uma ou mais empresas adquirem, direta ou indiretamente, por compra ou permuta de ações, quotas, títulos ou valores mobiliários conversíveis em ações, ou ativos, tangíveis ou

intangíveis, por via contratual ou por qualquer outro meio ou forma, o controle ou partes de uma ou outras empresas;
c. uma ou mais empresas incorporam outra ou outras empresas;
d. duas ou mais empresas celebram contrato associativo, consórcio ou *joint venture*.

A identificação dos agentes do ato de concentração será de acordo com o art. 88 da Lei n. 12.529/2011 quando, cumulativamente: a) pelo menos um dos grupos envolvidos na operação tenha registrado, no último balanço, faturamento bruto anual ou volume de negócios total no país, no ano anterior à operação, equivalente ou superior a 400 milhões de reais; b) pelo menos outro grupo envolvido na operação tenha registrado, no último balanço, faturamento bruto anual ou volume de negócios total no país, no ano anterior à operação, equivalente ou superior a 30 milhões de reais.

Os valores descritos no parágrafo anterior já são os valores atualizados pela Portaria Interministerial n. 994, de 30 de maio de 2012 (Brasil, 2012), devendo, então, ser levados ao conhecimento do Cade:

> os atos de concentração, em qualquer setor da economia, em que pelo menos um dos grupos envolvidos na operação tenha registrado faturamento bruto anual ou volume de negócios total no Brasil, no ano anterior à operação, equivalente ou superior a R$ 750 milhões, e pelo menos um outro grupo envolvido na operação tenha registrado faturamento bruto anual

ou volume de negócios total no Brasil, no ano anterior à operação, equivalente ou superior a R$ 75 milhões. (Brasil, 2016)

É importante destacarmos que não se consideram atos de concentração aqueles destinados às licitações promovidas pela administração pública direta e indireta e aos contratos delas decorrentes, quando duas ou mais empresas celebram contrato associativo, consórcio ou *joint venture* (associação de sociedades para divisão de responsabilidades).

Os pedidos de aprovação dos atos de concentração devem ser direcionados ao Cade e instruídos de alta carga probatória, ressaltando-se o pedido com informações e documentos indispensáveis para a instauração do processo administrativo, conforme regulado pela respectiva portaria.

No que concerne à instrumentalidade do processo administrativo, o art. 88 da Lei n. 12.529/2011 prevê que:

> o controle prévio dos atos de concentração deve ser realizado em, no máximo, 240 dias, a contar do protocolo de petição ou de sua emenda. Esse prazo poderá ser dilatado por, no máximo, até 90 dias, mediante decisão fundamentada do Tribunal, em que sejam especificadas as razões para a extensão, o prazo da prorrogação, que não será renovável, e as providências cuja realização seja necessária para o julgamento do processo. (Brasil, 2016)

Como vimos, o controle dos atos de concentração é uma ferramenta importante na proteção da livre concorrência, na busca de tutelar os interesses mais frágeis dessa relação, ou seja, os interesses dos consumidores.

— 5.5 —
Falência como resultado de concorrência desleal

As dificuldades são situações comuns no dia a dia de todos aqueles que exercem alguma atividade empresarial. A atividade empresarial, sem dúvida, trata-se de algo extremamente complexo, que exige um nível de competitividade enorme, mas sempre saudável, obviamente.

De outro vértice, imagine o quão mais dificultosa pode ser tornar a existência de uma empresa, caso ela precise, além das dificuldades ordinárias, lidar com a má-fé de concorrentes? Pois é, hodiernamente, para tristeza do mundo empresarial, a concorrência desleal se tornou um comportamento irresponsavelmente adotado por alguns empresários e decorrente dos constantes avanços científicos e tecnológicos, os quais acabam por tornar o mercado instável, ocasionando mudanças que afetam as empresas fortemente.

Com efeito, um dos princípios empresariais trazidos, de modo expresso, pela Constituição da República é o da **livre concorrência**. A discricionariedade do empreendedor é salutar para a competição empresarial, sobretudo porque dela se originam diversos produtores ou prestadores de serviços interessados em praticar igual atividade, assegurando, por consequência, à sociedade a possibilidade de escolha do produto ou serviço que lhe convir.

A livre concorrência, portanto, trata-se de paladino do crescimento da economia de mercado, viabilizando a competição saudável e leal entre empresários que objetivam os mesmos consumidores. Ademais, é certo que a disputa pela clientela e pela ampliação de mercado são condutas constantes em um sistema de governo capitalista.

Há de se ponderar, contudo, em que pese seja objeto de tutela legal, a concorrência nem sempre é empregada de forma positiva. Não raro nos deparamos em noticiários jornalísticos com casos de desonestidade perpetrados por alguns maus empresários.

A concorrência desleal, tal como já apuramos neste texto, caracteriza-se pela prática ilícita de mercado com a utilização de técnicas ilegais e até mesmo abusivas para angariar clientela, em prejuízo dos concorrentes. Podemos dizer, portanto, que se trata de um desvio de conduta moral, com violação dos postulados de honestidade comercial, de lealdade, dos bons costumes e de boa-fé.

Grosso modo, a concorrência desleal é comumente caracterizada pela prática de atos que ocasionam confusão, sujam a imagem do concorrente, provocam falsas alegações em desfavor de **outro empresário ou empresa, de modo a induzir o consumidor** a erro ou prejudicar, de alguma forma, o concorrente, levando este último, não poucas vezes, à falência.

É certo que, nos moldes do que vimos anteriormente neste texto, a legislação brasileira preocupou-se em tutelar o direito subjetivo da empresa e do empresário de atuar em um mercado sem que seja, arbitrariamente, prejudicado e tipificou diversas condutas como crimes de concorrência desleal, os quais, uma vez configurados, independentemente de culpa, geram ao empresário lesado o direito de ter reparados os danos experimentados. Ademais, as penalidades podem ocorrer em âmbito penal e civil, concomitantemente.

Dessa forma, é facultado ao empresário proteger-se de atos ilícitos cometidos por competidores desleais, devendo, toda vez que se deparar com atos de concorrência desleal, procurar juridicamente sustar o exercício de tais atos, por meio das medidas jurídicas cabíveis e colocadas à disposição dele, tanto na esfera cível quanto na esfera penal.

Destacamos que tal conduta, além de essencial para que o empresário seja reparado dos prejuízos que experimentou, é importante também para a economia do país, uma vez que se trata de anseio comum e difuso, a permanência, no mercado, somente de empresas que sejam, sobretudo, éticas.

Aliás, após o advento no Brasil do fenômeno da Operação Lava Jato, as empresas passaram a preocupar-se com a conduta ética dentro de suas organizações, especificamente nas relações com o poder público, tendo como fundamento a Lei n. 12.846/2013, de 1º de agosto de 2013 (Brasil, 2013), adotando a chamada *compliance*, que é o conjunto de normas voltadas a estruturar um mecanismo de procedimentos que são direcionados à proteção da ética e à integridade da empresa, apurando irregularidades, com incentivo de denúncias para a apuração e punição. Embora não se encaixe em todas as modalidades de concorrência, pois é voltada ao poder público, inegável é a contribuição da *compliance* para o desenvolvimento da concorrência leal em disputas de contratação com o poder público.

O tema da livre concorrência tem influência direta no dia a dia dos consumidores. Neste rápido estudo sobre o tema, pudemos descobrir acerca da tutela especial prevista pelo legislador ao mercado, visando impedir práticas que, baseadas na má-fé e na desonestidade, podem ocasionar danos irreparáveis a uma empresa ou a determinado empresário.

Vimos, em todo o estudo, os atos de concentração, que podem refletir uma conduta correta ou não por parte de um indivíduo, no âmbito econômico, cabendo a análise axiológica do ato ao Cade, que interpretará pela ocorrência ou não de crime econômico, decorrente daquela conduta.

Discorremos acerca da livre concorrência, princípio de *status* constitucional, que se desdobra em diversos elementos, todos estudados neste capítulo.

Abordamos o momento e a forma de criação do SBDC, bem como observamos que tal órgão não é unanimemente bem visto entre os estudiosos do direito econômico, apesar de, se tratar, conforme Guesse (2019), de "mecanismo de amparo à liberdade de competição e de iniciativa, com a proibição de práticas empresariais incompatíveis com o regime, aos quais encontram-se agrupadas em duas categorias: infração à ordem econômica e concorrência desleal".

Analisamos, com base no estudo do art. 36 da Lei n. 12.529/2011, as hipóteses consideradas pelo legislador infraconstitucional como infração à ordem econômica, conduta que restará configurada como infração, independentemente da comprovação de culpa ou dolo do agente.

Por fim, discorremos acerca dos impactos da concorrência desleal no cenário econômico nacional, bem como percebemos, por meio das análises feitas, que uma única conduta de má-fé revestida de conduta desleal e desonesta, não poucas vezes, pode acarretar a falência de uma empresa.

Daí a importância de que toda vez que alguém estiver diante de uma ação imprópria e inadmitida sob a perspectiva da boa-fé concorrencial, denuncie e busque, quando necessário, tutela jurisdicional, a fim de sobrestar eventual conduta lesiva que esteja sofrendo.

Não restam dúvidas de que a concorrência desleal pode ocasionar o desequilíbrio da lógica da viabilidade econômica e financeira de uma atividade empresarial. Devemos notar que o fato de haver concorrência desleal poderá significar o desaparecimento do mercado em que atua aquela empresa bem considerada. Ou seja, práticas de preços predatórios – aqueles abaixo do preço de custo – tornarão a atividade empresarial inviável sob o prisma do mercado e a consequência lógica e fatídica será a falência, pois empresas sem mercado não podem nem mesmo sustentar um pedido de recuperação.

Por outro lado, essas práticas nocivas podem contaminar o equilíbrio financeiro de empresas que atuam de modo leal e competitivo no mercado e continuam a honrar seus compromissos. Com a concorrência desleal, esse desequilíbrio ocasionará o fechamento de portas e todo o impacto negativo econômico que advirá dessa circunstância.

Ao final, vimos que o mercado precisa do SBDC, pois, do contrário, em um mundo sem regras como defendido por alguns, será praticada a lei da selva, ou seja, o predador mais forte acabará com a presa vulnerável.

Capítulo 6

Os crimes falimentares

Emile Durkheim (1987) já alertava, no século XIX, que o crime faz parte da vida coletiva. Não se trata de uma patologia da sociedade, mas de sua fisiologia. Vale dizer, o crime é elemento funcional dentro de uma sociedade e, quando em excesso, se torna patologia. Assim, para evitar que seja alocado de modo incorreto em uma sociedade, o Estado não pode ter a pretensão de eliminar as condutas criminosas, mas controlar, com punições, como forma de contraestimular as infrações penais, com o intuito de reduzir suas ocorrências.

Para os empresários e os agentes das atividades econômicas essa lógica se reproduz. Ou seja, o Estado vai reprimir condutas que serão punidas, por indesejadas, para evitar que a atividade empresarial seja prejudicada por agentes desse mercado.

Assim, surgem os crimes falimentares, previstos na Lei n. 11.101, de 9 fevereiro de 2005 (Brasil, 2005), como um catálogo de condutas que o legislador quer evitar com respostas penais punitivas, nem sempre adequadas, como veremos adiante, mas necessárias para se proteger os bens jurídicos envolvidos.

Nas clássicas lições da doutrina, o "crime" pode ter três conceitos: 1) formal; 2) material; 3) analítico. Esses conceitos têm guarida nas lógicas doutrinárias e jurisprudenciais como formas de se identificar o acontecimento comissivo ou omisso de uma conduta indesejada.

O conceito formal aduz que crime é o que a lei penal define como tal, uma ação ou omissão proibida pela lei penal, por meio de ameaça de pena (Fragoso, 2016). Aqui o princípio da legalidade penal ganha especial destaque, pois é preciso que a lei sempre indique, pormenorizadamente, o crime que pretende reprimir, na dimensão da tipicidade.

Materialmente, o crime é "uma ação ou omissão que contraria os interesses da sociedade, constituindo uma lesão ou ameaça concreta de lesão a um bem jurídico" (Medina, 2008, p. 258). Ou seja, o bem jurídico é exatamente o que o Estado visa proteger.

Por sua vez, o conceito analítico trata como o crime o fato típico, ilícito ou antijurídico e culpável.

A Lei n. 11.101/2005, a partir do art. 168, previu condutas (tipicidade) que, uma vez praticadas pelos agentes em contato com as situações de falência, caracterizarão a ocorrência dos chamados *crimes falimentares*.

É importante destacar que os crimes falimentares podem ser praticados tanto pelo devedor quanto por terceiros, antes ou depois da sentença que decretar a falência, conceder ou homologar a recuperação judicial.

Aliás, é o que prescreve o art. 179 da Lei de Falências, Lei n. 11.101/2005, quando aduz que, na falência, na recuperação judicial e na recuperação extrajudicial de sociedades, os seus sócios, diretores, gerentes, administradores e conselheiros, de fato ou de direito, bem como o administrador judicial, equiparam-se ao devedor ou falido para todos os efeitos penais decorrentes da lei, na medida de sua culpabilidade.

— 6.1 —
Os crimes em espécie

Como já explicitado, o crime, na sua dimensão material e formal, precisa de lei para se tornar exigível do cidadão. Desse modo, a Lei n. 11.101/2005 criou um sistema próprio de tipificação penal de seus crimes. Não se trata das melhores técnicas legislativas, mas, com pequeno esforço e boa vontade interpretativas, é possível identificar o desejo do legislador na maioria dos tipos penais falimentares criados.

A classificação tradicional dos crimes em geral não tem aplicação plena nos crimes falimentares, pois o sistema especial dos crimes falimentares (aquele conjunto de elementos que interagem entre si) permite uma classificação própria a partir da análise dos seus tipos penais.

Uma classificação possível dos crimes falimentares, e aqui deixamos registrado que classificações se justificam pela sua utilidade, pode ser feita com a pretensão didática de se identificar os tipos de acordo com os agentes o momento do crime.

Assim, tem-se como espécies de delitos falimentares: a) próprios; b) impróprios; c) pré-falimentares; d) pós-falimentares.

São denominados *crimes próprios* aqueles praticados pelo próprio falido, quando declarada a falência ou decretada a recuperação judicial.

Os chamados *crimes impróprios* são aqueles praticados por outras pessoas que não o falido, tais como o juiz, o Ministério

Público, o administrador, o escrivão, o oficial de justiça, o leiloeiro ou até mesmo o credor.

Já os denominados *crimes pré-falimentares* são aqueles executados em momento anterior à decretação da falência ou recuperação judicial, ao passo que os crimes cometidos depois desses momentos serão chamados de *pós-falimentares*. É importante destacar que a sentença que decreta a falência, concede a recuperação judicial ou concede a recuperação extrajudicial é condição objetiva de punibilidade das infrações penais descritas na tipologia da lei. Assim, a classificação é útil na identificação do momento da ocorrência do crime, mas não para caracterizar a condição objetiva de punibilidade condicionada, de fato, à sentença judicial.

Diante disso, passemos à análise dos crimes previstos na legislação falencial.

— 6.1.1 —
Os tipos penais da Lei n. 11.101/2005

A Lei n. 11.1101/2005 traz um catálogo de tipos penais. Entretanto, entende-se que não é a melhor técnica legislativa, sob a perspectiva da criminologia, que tais crimes estejam situados em conjunto com regramentos materiais e processuais de direito empresarial. Esses delitos deveriam se fazer constar no rol dos crimes elencados no próprio Código Penal, Lei n. 2.848, de 7 de dezembro de 1940 (Brasil, 1940), com as suas alocações devidas sistematicamente nos bens jurídicos protegidos e coerentes com a parte geral desse código, para uma reprimenda coerente e eficaz.

O fato é que as coisas não foram assim tratadas e precisam ser estudas como estão. Por essa razão, faremos a análise dos tipos penais falimentares identificando algumas de suas características principais e pertinentes ao propósito deste estudo.

De acordo com a rubrica lateral dos crimes, é possível extrair da Lei de Falências, Lei n. 11.101/2005, os seguintes tipos penais: fraude contra credores (art. 168); violação de sigilo profissional (art. 169); divulgação de informações falsas (art. 170); indução a erro (art. 171); favorecimento de credores (art. 172); desvio, ocultação ou apropriação de bens (art. 173); aquisição, recebimento ou uso ilegal de bens (art. 174); habilitação ilegal de crédito (art. 175); exercício ilegal de atividade (art. 176); e violação de impedimento (art. 177) e omissão dos documentos contábeis obrigatórios (art. 178).

Portanto, o próximo passo é o exame desses tipos penais na busca de se amoldar a teleologia precípua dos crimes falimentares, ou seja, a proteção maior do processo falimentar incólume e eficaz, na busca de satisfazer o maior número possível de credores.

O tipo penal do crime de **fraude contra credores** (art. 168 da Lei n. 11.101/2005) é uma situação que exige uma inserção em direito civil. Isso porque a conduta precisa se encaixar no conceito de fraude contra credores que, de acordo com a doutrina civil, consiste em "todo ato suscetível de diminuir ou onerar seu patrimônio, reduzindo ou eliminando a garantia que este representa para pagamento de suas dívidas, praticado por devedor insolvente, ou por ele reduzido à insolvência", segundo Carlos Roberto Gonçalves (2018, p. 472); também, de acordo com a doutrina de Marcos Bernardes de Mello (2010, p. 241), é "todo o ato de disposição e oneração de bens, créditos e direitos, a título gratuito ou oneroso, praticado por devedor insolvente, ou por ele tornado insolvente, que acarrete redução de seu patrimônio, em prejuízo de credor preexistente"; ainda, de acordo com Silvio Venosa (2018, p. 157), ocorre quando "o devedor insolvente, ou na iminência de tornar-se tal, pratica atos suscetíveis de diminuir seu patrimônio, reduzindo, desse modo, a garantia que esse representa, para o resgate de suas dívidas".

A intenção do legislador foi proteger as relações jurídicas existentes entre os atores de uma atividade empresarial. Com isso, tenta contraestimular a prática de fraudes com as consequências penais, além das cíveis. Todas as vezes que o agente tentar dissimular seus negócios jurídicos com a prática de ato fraudulento de que resulte ou possa resultar prejuízo aos credores, com o fim de obter ou assegurar vantagem indevida para si ou para outrem, deverá responder criminalmente com pena de reclusão de três a seis anos e multa.

Outro tipo penal é o crime de **violação de sigilo profissional** (art. 169 da Lei n. 11.101/2005) consiste em violar, explorar ou divulgar, sem justa causa, sigilo empresarial ou dados confidenciais sobre operações ou serviços, contribuindo para a condução do devedor a estado de inviabilidade econômica ou financeira. O núcleo do tipo penal está na conduta de, nas formas previstas no verbo, malferir o sigilo profissional necessário para o desenvolvimento da atividade empresarial. Com essa profanação, pode conduzir a empresa ao estado de insolvência.

O sujeito passivo é o que detém, de acordo com Sílvio Aparecido Crepaldi (2008), o "sigilo empresarial ou os dados confidenciais sobre operações ou serviços, desde que esteja submetido à falência, à recuperação judicial ou à recuperação extrajudicial".

O crime de **divulgação de informações falsas** (art. 170 da Lei n. 11.101/2005) consiste em divulgar ou propalar, por qualquer meio, informação falsa sobre devedor em recuperação judicial, com o fim de levá-lo à falência ou de obter vantagem. A redação desse tipo penal tem problemas em sua estrutura. Embora os termos *divulgar* ou *propalar* tenham o mesmo efeito, são condutas diversas e a alocação das vírgulas do tipo penal está equivocada. **Divulgar** é relatar verbalmente, ao passo que **propalar** é relatar por qualquer meio. Assim, se o legislador afirmou que a conduta é divulgar **ou** propalar, entende ser coisas diferentes. Porém, quando coloca entre vírgulas a expressão **qualquer meio**, acaba por complicar a vida do intérprete. Desse modo, o tipo penal deveria estar assim descrito: "divulgar ou **propalar por qualquer meio**, informação falsa sobre devedor em recuperação judicial, com o fim de levá-lo à falência ou de obter vantagem".

Devemos observar que é necessário, para a configuração do crime, que o devedor esteja em recuperação judicial, como fato elementar do tipo penal. Desse modo, não existe a figura típica na falência nem na recuperação extrajudicial.

É crime comum quanto ao sujeito ativo, pois qualquer pessoa pode praticar a conduta ilícita.

A **indução em erro** (art. 171) é conduta que consiste em sonegar ou omitir informações ou prestar informações falsas no processo de falência, de recuperação judicial ou de recuperação extrajudicial, com o fim de induzir a erro o juiz, o Ministério Público, os credores, a assembleia geral de credores, o comitê ou o administrador judicial. É um crime que visa proteger a incolumidade das informações que chegam ao órgãos de condução de uma falência ou recuperação, com a intenção de manter esses órgãos em estado de erro com relação aos negócios e atividades pertinentes para o processo.

O sujeito passivo desse crime é a administração da Justiça com os órgãos processuais referidos, pois a eles cabe decidir sobre os processos de falência, de recuperação judicial e de recuperação extrajudicial. É crime comum (qualquer pessoa pode praticá-lo), formal, de perigo, doloso, omissivo quanto à prestação de informações e comissivo quanto à prestação de informações falsas.

O crime de **favorecimento de credores** (art. 172) consiste em praticar ato de disposição ou oneração patrimonial ou gerador de obrigação, destinado a favorecer um ou mais credores em prejuízo dos demais, antes ou depois da sentença que decretar a falência, conceder a recuperação judicial ou homologar o plano de recuperação extrajudicial.

O que se espera é que o devedor não quebre o princípio essencial e maior da falência, da recuperação judicial ou extrajudicial, ou seja, a *pars conditio creditorum*, pois é do equilíbrio oriundo desse princípio que se fará a justa distribuição do produto da arrecadação dos bens do devedor aos credores categorizados.

O sujeito passivo do crime de favorecimento de credores é todo e qualquer credor prejudicado pela conduta ilícita.

A conduta que consiste, respectivamente, em desviar, esconder ou exercer a posse direta indevida sobre bens pertencentes ao devedor sob recuperação judicial ou à massa falida, inclusive por meio da aquisição por interposta pessoa, amolda-se ao crime de **desvio, ocultação ou apropriação de bens** (art. 173). Devemos registrar que é da força patrimonial do devedor que se fará a recomposição dos prejuízos suportados pelos credores e, caso os bens sejam desviados, ocultados ou apropriados, essa importante função do processo falimentar e de recuperação ficará totalmente comprometida.

O sujeito passivo imediato do crime de desvio, ocultação ou apropriação de bens é a administração da Justiça; os sujeitos passivos mediatos são os credores aos quais a conduta causa prejuízo.

O crime de **aquisição, recebimento ou uso ilegal de bens** (art. 174) é conduta que consiste em adquirir, receber ou usar, ilicitamente, bem que é sabido pertencer à massa falida ou influir para que terceiro, de boa-fé, o adquira, receba ou use. Como já dito no crime anterior, bens e direitos que serão arrecadados para satisfazer parcela dos credores estariam comprometidos com as condutas praticadas no núcleo desse tipo penal e deixariam mais distante o propósito principal de uma falência, que é reduzir os impactos negativos da quebra.

Devemos notar que, quando se trata de recuperação judicial ou extrajudicial, o tipo penal não se aplica. A não ser que haja convolação em falência, que é a transformação da recuperação em falência, nos termos do art. 73 da Lei n. 11.101/2005, que aduz que: o juiz decretará a falência durante o processo de recuperação judicial por deliberação da assembleia geral de credores; ou pela não apresentação, pelo devedor, do plano de recuperação; ou quando houver sido rejeitado o plano de recuperação, ou, ainda, por descumprimento de qualquer obrigação assumida no plano de recuperação. Assim, identificada a conduta, ainda que iniciada na recuperação, pode ser configurada como crime quando da convolação em falência. O sujeito passivo desse crime é a administração da Justiça.

O crime de **habilitação ilegal de crédito** (art. 175) consiste em apresentar, em falência, recuperação judicial ou recuperação extrajudicial, relação de créditos, habilitação de créditos ou reclamação falsas, ou juntar a elas título falso ou simulado. Quando um credor apresenta habilitação inidônea na falência, acaba por aumentar o volume de dívidas que a massa falida terá que satisfazer com seus bens. E, a depender da natureza jurídica da alocação desse crédito, é possível que créditos legítimos não sejam satisfeitos, quebrando todo o espírito coletivo e de equilíbrio que a falência pretende significar.

Não é aplicado em recuperação judicial ou extrajudicial. O sujeito passivo é a administração da Justiça.

O crime de **exercício ilegal de atividade** (art. 176 da Lei n. 11.101/2005) consiste em realizar tarefas ou desempenhar funções para as quais o falido tiver sido inabilitado ou incapacitado por decisão judicial, nos termos da lei falimentar. Devemos notar que o impedimento é consequência da sentença que decreta a falência, conforme a dicção do art. 102 da Lei n. 11.101/2005: o falido fica inabilitado para exercer qualquer atividade empresarial a partir da decretação da falência e até a sentença que extingue suas obrigações. Além da inabilitação do falido, outras figuras também serão inabilitadas como efeito da condenação por crimes falimentares, desde que declarados na sentença condenatória.

É crime próprio, de mera conduta, de perigo, doloso e comissivo. O sujeito passivo desse crime é a administração da Justiça.

O crime de **violação de impedimento** (art. 177 da Lei n. 11.101/2005) consiste na aquisição de bens da massa falida ou de devedor em recuperação judicial, ou, em relação a estes, que entre em alguma especulação de lucro, por parte do juiz, do representante do Ministério Público, do administrador judicial, do gestor judicial, do perito, do avaliador, do escrivão, do oficial de justiça ou do leiloeiro, por si ou por interposta pessoa, quando tenham atuado nos respectivos processos. O que se quer evitar é que esses órgãos se utilizem de informações privilegiadas que possuem em razão dos cargos que exercem, sobre os bens da massa, causando desequilíbrio no processo falimentar. O sujeito passivo desse crime é a administração da Justiça.

Por fim, o crime de **omissão de documentos contábeis obrigatórios** (art. 178 da Lei n. 11.101/2005) consiste na conduta de o falido deixar de elaborar, escriturar ou autenticar, antes ou depois da sentença que decretar a falência, conceder a recuperação judicial ou homologar o plano de recuperação extrajudicial, os documentos obrigatórios da escrituração contábil da empresa.

É importante destacar que deve ser realizado o levantamento total da dívida por meio do cotejo do rol de credores e pelas habilitações de crédito, mas, para o que aqui importa, terá também o administrador judicial de promover análise contábil por meio de um levantamento dos registros contábeis e fiscais do devedor como início desse levantamento dos créditos, com a análise do balanço patrimonial, da demonstração de resultados acumulados, da demonstração do resultado desde o último exercício social e, também, do relatório do fluxo de caixa. Caso esses dados estejam corrompidos, a verificação dos créditos e débitos também estará comprometida.

O sujeito passivo desse crime é a administração da Justiça.

Veremos a seguir como se dará o processamento penal dos crimes falimentares previstos na Lei n. 11.101/2005.

— 6.2 —
O processamento penal

O processamento penal dos crimes previstos na Lei de Falências é disciplinado pelo rito sumário previsto no Código de Processo Penal, Decreto-Lei n. 3.689 de 1941 (Brasil, 1941), com a aplicação subsidiária dessa lei. A ação é pública incondicionada e em qualquer fase processual, surgindo indícios da prática dos crimes previstos na lei, o juiz da falência ou da recuperação judicial ou da recuperação extrajudicial cientificará o Ministério Público.

Recebida a notícia-crime, o Ministério Público, se entender que é o caso, oferecerá denúncia nos moldes do que prevê o Código de Processo Penal.

A competência para processar e julgar é no juízo criminal de onde tramitou ou tramita a falência ou recuperação, conforme prevê o art. 183 da Lei n. 11.101/2005, *in verbis*: "Compete ao juiz criminal da jurisdição onde tenha sido decretada a falência, concedida a recuperação judicial ou homologado o plano de recuperação extrajudicial, conhecer da ação penal pelos crimes previstos nesta Lei". Havia tese de ser o juízo falimentar o competente para processamento de crimes, mas já superada, porém com algumas divergências doutrinárias.

Assim, em que pese o dissenso de parte da doutrina, o juízo competente para julgar os crimes falimentares será o juízo criminal em que tenha sido decretada a falência, exatamente por estar mais próximo da realidade fática daquela comunidade que o julgamento exige e por estar no mesmo espaço territorial em que correm os autos falimentares.

É importante ressaltar, entretanto, que caso acumule competência falimentar e criminal em um único juízo, situação muito comum nas comarcas menores, será o mesmo juízo a julgar os crimes e processar a falência.

— 6.3 —
A prescrição penal

A prescrição é um cânone da segurança jurídica que se manifesta na aquisição ou na extinção, pois põe termo a situações de incerteza jurídica. Assim, é uma importante ferramenta na busca de estabilidade das relações jurídicas de qualquer nível: entre particulares e particulares; entre particulares e o Estado. Assim, também é uma proteção do cidadão diante da leniência do Estado em sua pretensão punitiva. Muitas pessoas entendem até mesmo como um estímulo à impunidade, porém, conecta-se mais como garantia contra inseguranças do que efetiva impunidade.

Na face criminal do processo falimentar a prescrição não é diferente. Tanto assim o é que a própria Lei de Falências determina que a prescrição dos crimes previstos na lei, reger-se-á pelas disposições do Código Penal, Lei n. 2.848/1940, começando a correr do dia da decretação da falência, da concessão da recuperação judicial ou da homologação do plano de recuperação extrajudicial.

Portanto, segue-se a lógica do que prevê o regime prescricional do art. 110 do Código Penal nos seguintes termos com relação aos prazos: a) em 20 anos, se o máximo da pena é superior a doze; b) em 16 anos, se o máximo da pena é superior a 8 anos e não excede a 12; c) em 12 anos, se o máximo da pena é superior a 4 anos e não excede a 8; d) em oito anos, se o máximo da pena é superior a 2 anos e não excede a 4; e) em 4 anos, se o máximo da pena é igual a 1 ano ou, sendo superior, não excede a 2; e f) em 3 anos, se o máximo da pena é inferior a 1 ano.

Esses prazos são considerados na pena abstrata. Na pena concreta, a lógica é de que depois de transitar em julgado a sentença condenatória, a prescrição regula-se pela pena aplicada e verifica-se nos prazos fixados no art. 109 do Código Penal, os quais se aumentam de um terço, se o condenado é reincidente.

Importante registro que deve ser feito é que, na maioria das vezes, o tempo corre contra a punibilidade. Dissemos nos parágrafos anteriores que a prescrição não serve à impunidade, mas serve à segurança jurídica. O que se alerta é que as penas em abstrato fixadas nos crimes falimentares, considerando a pena máxima, geralmente têm prazos prescricionais baixos, dada a lentidão do processo falimentar cível. O que pode redundar em extinção de punibilidade do devedor, mesmo que comprovada a ocorrência do crime.

Portanto, é preciso uma mudança na legislação que faça a adequação dos termos iniciais e finais no cômputo dos prazos prescricionais.

Há muito tempo o direito penal, especialmente a área de criminologia, debruça-se acerca do melhor método de combate ao crime e à criminalidade.

O legislador, ao dispor acerca dos **crimes falimentares**, agiu com o mesmo intuito, ou seja, prevenir a conduta e, se ela for materializada, puni-la. Essa preocupação, indubitavelmente, deu-se pelo fato de que os crimes previstos naquela seção da Lei Falimentar, Lei n. 11.101/2005, não ocasionam prejuízo – e dano – somente a uma vítima (por exemplo, homicídio), mas a toda uma coletividade.

Entretanto, junto com a tipificação penal, positivou também o legislador a respectiva cominação de pena de cada uma daquelas condutas. Essas penas, como se infere da mera leitura da lei, não são altas, se comparadas ao grau de lesividade desses crimes.

Por conseguinte, uma vez sendo baixas as penas, o prazo prescricional também será baixo. Logo, uma vez que o termo inicial da contagem da prescrição é o momento em que deveria estar encerrada a falência ou, alternativamente, o trânsito em julgado da sentença que a encerrar, diversos casos acabam extintos, pois o Estado não consegue, por uma questão de prazo, fazer valer seu *ius puniendi*.

A crítica que se faz aqui, destacamos, apesar de subsidiada por doutrinadores de imenso brilhantismo, possui contraposição de autores renomados. Isso porque, enquanto o aumento das penas parece, para parte da doutrina, o meio hábil de se combater tanto o crime quanto a criminalidade, para outra parte, tal combate deve ser feito não com a majoração das penas já previstas, mas com a certeza de que, uma vez ocorrido o crime, a punição virá.

Considerações finais

Ítalo Calvino (2012), na obra As *cidades invisíveis*, narra interessante diálogo entre Kublai Khan com Marco Polo em que o grande rei do Império Mongol pergunta se Marco contará as mesmas histórias sobre as cidades que narra para ele, para sua gente quando regressar ao Poente. Polo, muito astuto, responde que sim, mas quem o ouve retém somente as palavras que deseja e, ao final, concluiu que quem comanda a narração não é a voz: é o ouvido.

Essa é a pretensão desta obra. Falar sobre o que se viu e vivenciou em nossa viagem nas **cidadelas** das falências, as experiências gravadas no **atlas** da Lei n. 11.101, de 9 de fevereiro de

2005 (Brasil, 2005), e ter a consciência de quem ouve é o comandante do conteúdo.

Assim, pudemos perceber, ao longo de tudo o que foi dito, que a falência é uma tentativa de reduzir a alta carga negativa social, econômica e pessoal que carrega a situação de quebra de uma atividade empresarial.

A perda de uma empresa no mercado não é apenas ruim para os empresários envolvidos naquela atividade. Há todo um abalroamento em várias realidades que convivem com o devedor em desequilíbrio.

A atividade empresarial é um organismo vivo e pulsante, e sua morte trará efeitos deletérios para todos os organismos que vivem em simbiose com o devedor. Todos ganham com uma atividade empresarial saudável. Todos perdem com as enfermidades que conduzem à falência de uma empresa.

Por essas razões, o espírito que move todos os atores desse tecido social, em sua dimensão empresarial, deve ser a busca sempre de se obter equilíbrio econômico e financeiro da atividade empresarial, especialmente o Estado, cujo papel deve ser o de fomentar o desenvolvimento empresarial e não o de explorar de modo predatório o empresário em dificuldades financeiras.

Porém, não sendo possível a manutenção da empresa de modo equilibrado financeira e economicamente, dadas as intempéries e incertezas do mercado, somadas a uma condução ruinosa dos comandantes da empresa, o papel do Estado se transforma para o de protetor dos indivíduos que estarão em desvantagem na corrida por satisfação dos próprios direitos.

Sob essa ótica buscamos, nesta obra, demonstrar as ferramentas instrumentais, materiais, processuais e até mesmo penais, para reduzir o imenso prejuízo que uma falência acarreta na vida de todos os envolvidos por ela.

Já é hora de parar de se pensar a falência como um castigo ao empresário que "falhou" e enxergá-la como uma forma de proteção aos credores que não seriam, nem de longe, respeitados e satisfeitos sem um processo de falência dirigido por um juiz competente.

É preciso identificar a finalidade maior do processo falimentar, que é satisfazer no grau máximo o maior número possível de credores, categorizados em função da essencialidade, ou seja, na pluralidade dos credores (sujeitos), em conexão com a natureza jurídica dos seus créditos e com a atribuição de preferência legal em razão da essencialidade do crédito considerado.

Assim, podemos concluir, após a análise dos institutos falimentares, que vimos o seguinte:

a. O instituto principal da ideia de falência reside no princípio da *pars conditio creditorum*, que tem como escopo dar tratamento igual aos credores na medida de suas desigualdades. Verificamos os momentos da aplicabilidade desse princípio e o que significa a igualdade entre credores com a aplicabilidade dos critérios.

b. O que se considera como *estado de insolvência* do devedor, indicado pelas inviabilidades econômicas e financeiras a caracterizar o estado falimentar, revela a possibilidade de falência, bem como a chamada *impontualidade* e os chamados *atos de falência*, como motivos da quebra do devedor.

c. A possibilidade de autofalência ocorre com a apresentação dos pressupostos e da demonstração da situação de crise como requisitos para o pedido. Vimos sobre as possibilidades de o empresário irregular requerer sua autofalência e as correntes que defendem a (im)possibilidade.

d. Há alguns comportamentos que o devedor, quando citado para responder um pedido judicial, poderá escolher tomar, a fim de evitar a falência e viabilizar eventual pedido de recuperação judicial, caso preenchidos os seus requisitos.

e. A identificação da legitimidade ativa para requerer a falência de uma empresa, com a exigência de que o credor seja portador de título superior a 40 salários-mínimos, devidamente protestado ou seja credor portador de certidão emitida pelo juízo comum em execuções de qualquer valor.

f. A legitimidade passiva e os excluídos da Lei de Falências (imunidades) como uma forma de identificação de quem pode figurar como réu em pedidos de quebra. Também a alocação das atividades empresárias e simples em cotejo com sua forma de liquidação;

g. O juízo que poderá processar e julgar o processo falimentar e qual a regra geral de competência foi objeto de estudo próprio, com a identificação do principal estabelecimento do devedor como um dos critérios para esta fixação de competência.

h. A reunião de todos os processos contra aquele devedor e a formação do Juízo Universal de Falência, com o exame da regra geral, em cotejo com as exceções a essa importante ferramenta de auxílio no equilíbrio entre os credores.

i. As diferenças entre a execução singular e a concursal como uma forma de satisfação de direitos individuais de modo coletivo.

j. Os principais efeitos com a decretação da falência de um devedor, os impactos sociais e econômicos e o que isso significa, foram analisados com pormenores diante dos comandos judiciais emanados pela sentença no intuito de preservar direitos e reduzir os custos sociais da falência.

k. Outra importante ferramenta à disposição da falência é o procedimento de verificação e habilitação de créditos, com os detalhes internos de cada instituto, especialmente as impugnações de crédito, sua contribuição para a futura alocação no quadro geral de credores.

l. A essência de uma falência traduzida na classificação dos créditos foi ponto deveras pertinente na busca de uma falência eficaz e que contribua para o resultado sólido deste processo será objeto de exame detido.

m. A formação e consolidação do quadro geral de credores e seu papel dentro do processo de falência, como uma forma de redução de desigualdades, dentro do espírito de diminuição de prejuízos sociais de uma falência foram devidamente estudados e identificados.

n. É possível realizar o equilíbrio em algo que está em evidente desequilíbrio ante a sentença de quebra, especialmente com a análise da ordem de pagamentos contidas na Lei de Falências, com a realização dos chamados *pagamentos antecipados*, do pagamento das verbas salariais imediatas, do pagamento das restituições e dos pagamentos dos credores em concurso.

o. Sendo a falência uma atividade judicial que se desenvolve por meio do juízo falimentar, vimos o papel do administrador e do gestor judicial, identificando no decorrer do processo, como se dará a nomeação, remuneração, substituição e destituição destes auxiliares do juízo, bem como quais as funções do administrador.

p. Existem hipóteses de destituição e de substituição do administrador, bem como situações em que far-se-á necessária a nomeação de um gestor judicial. Essas circunstâncias processuais são absolutamente necessárias para o deslinde do processo até os seus ulteriores termos.

q. Outras importantes ferramentas processuais falimentares são a assembleia geral de credores e o comitê de credores, que serão um braço de auxílio na tomada de decisões na condução da falência, suas atribuições e como se dá sua convocação e os assuntos deliberados como forma de redução de divergências individuais em uma lógica coletiva.

r. A arrecadação, a realização do ativo e o pagamento dos credores com todas as suas possibilidades e desdobramentos na busca de realizar o melhor resultado na satisfação do maior número possível de credores.

s. O encerramento da falência se procede com a sentença de encerramento e a possível e desejada extinção das obrigações do falido, que poderá ser por pagamento ou pelo decurso do tempo.

t. Uma das mais importantes ferramentas de manutenção do equilíbrio da atividade empresarial é a chamada *defesa da concorrência*. Analisamos esse importante instituto com o estudo do Sistema Brasileiro de Defesa da Concorrência criado pela Lei n. 12.529, de 30 de novembro de 2011 (Brasil, 2011), com seu órgão principal, o Conselho Administrativo de Defesa Econômica (Cade), que fiscaliza e regulamenta os atos de concorrência desleal, o controle de concentrações e todos os mecanismos indesejados de desequilíbrio de mercado.

u. A concorrência desleal pode ser instrumento forte no impacto econômico de muitas empresas de menor porte e que poderão padecer de inviabilidade financeira que, certamente, a conduzirá à quebra. Daí seu estudo pormenorizado;

v. Um dos pontos mais importantes é a proteção de bens jurídicos por meio da tipificação dos crimes falimentares. Os bens jurídicos que os crimes falimentares buscam proteger são objeto de cuidados específicos, bem como os crimes em espécie e toda a tipologia da Lei n. 11.101/2005, como legislação extravagante, a criar um catálogo de condutas criminosas que existem para evitar prejuízos maiores dos que já conduziram o devedor ao estado de insolvência.

Referências

ALCANTARA, S. A. **Direito empresarial e direito do consumidor** [livro eletrônico]. Curitiba: InterSaberes, 2017. 2Mb; PDF.

ALMEIDA, A. P. de. **Curso de falência e recuperação de empresa**. 28. ed. São Paulo: Saraiva, 2017.

ÁVILA, H. **Teoria da igualdade tributária**. 2. ed. São Paulo: Malheiros, 2008.

BARROSO, D. **Manual de direito processual civil**. 2. ed. amp. e atual. Barueri: Manole, 2007. v. 1: Teoria geral e processo de conhecimento.

BERTOLDI, M. M.; RIBEIRO, M. C. P. **Curso avançado de direito comercial**. 8. ed. rev. e ampl. São Paulo: Revista dos Tribunais, 2014.

BRASIL. Conselho Administrativo de Defesa Econômica. 29 jan. 2016. Perguntas sobre infrações à ordem econômica. Disponível em: <http://www.cade.gov.br/servicos/perguntas-frequentes/perguntas-sobre-infracoes-a-ordem-economica>. Acesso em: 26 jan. 2021.

BRASIL. Conselho Administrativo de Defesa Econômica. Portaria Interministerial n. 994, de 30 de maio de 2012. **Diário Oficial da União**, 31 maio 2012. Disponível em: <http://www.cade.gov.br/assuntos/normas-e-legislacao/portarias/portaria-994.pdf/view>. Acesso em: 26 jan. 2021.

BRASIL. Constituição (1988). **Diário Oficial da União**, Brasília, DF, 5 out. 1988. Disponível em: <http://www.planalto.gov.br/ccivil_03/constituicao/constituicao.htm>. Acesso em: 26 jan. 2021.

BRASIL. Decreto-Lei n. 3.689, de 3 de outubro de 1941. **Diário Oficial da União**, 4 out. 1941. Disponível em: <http://www.planalto.gov.br/ccivil_03/decreto-lei/del3689.htm>. Acesso em: 26 jan. 2021.

BRASIL. Decreto-Lei n. 7.661, de 21 de junho de 1945. **Diário Oficial da União**, Poder Executivo, Brasília, 21 jun. 1945. Disponível em: <http://www.planalto.gov.br/ccivil_03/decreto-lei/del7661.htm#:~:text=Vide%20art.,Lei%20n%C2%BA%2011.101%2C%20de%202005.>. Acesso em: 26 jan. 2021.

BRASIL. Decreto-Lei n. 73, de 21 de novembro de 1966. **Diário Oficial da União**, Poder Executivo, Brasília, 22 nov. 1966. Disponível em: <http://www.planalto.gov.br/ccivil_03/Decreto-Lei/Del0073.htm>. Acesso em: 26 jan. 2021.

BRASIL. Lei Complementar n. 109, de 29 de maio de 2001. **Diário Oficial da União**, Poder Executivo, Brasília, 29 maio 2001. Disponível em: <https://www.planalto.gov.br/ccivil_03/leis/lcp/lcp109.htm>. Acesso em: 26 jan. 2021.

BRASIL. Lei n. 556, de 25 de junho de 1850. Coleção das Leis do Império do Brasil (1841-1850). Disponível em: <http://www.planalto.gov.br/ccivil_03/Leis/LIM/LIM556.htm>. Acesso em: 5 ago. 2020.

BRASIL. Lei n. 2.848, de 7 de dezembro de 1940. **Diário Oficial da União**, Poder Executivo, Brasília, 31 dez. 1940. Disponível em: <http://www.planalto.gov.br/ccivil_03/decreto-lei/del2848compilado.htm>. Acesso em: 26 jan. 2021.

BRASIL. Lei n. 4.137, de 10 de setembro de 1962. **Diário Oficial da União**, Poder Legislativo, Brasília, 12 nov. 1962. Disponível em: <http://www.planalto.gov.br/ccivil_03/leis/1950-1969/l4137.htm>. Acesso em: 26 jan. 2021.

BRASIL. Lei n. 4.595, de 31 de dezembro de 1964. **Diário Oficial da União**, Poder Executivo, Brasília, 31 dez. 1964. Disponível em: <http://www.planalto.gov.br/ccivil_03/leis/l4595.htm>. Acesso em: 26 jan. 2021.

BRASIL. Lei n. 5.172, de 25 de outubro de 1966. **Diário Oficial da União**, Poder Legislativo, Brasília, 27 out. 1966. Disponível em: <http://www.planalto.gov.br/ccivil_03/leis/l5172compilado.htm>. Acesso em: 26 jan. 2021.

BRASIL. Lei n. 8.884, de 11 de junho de 1994. **Diário Oficial da União**, Poder Legislativo, Brasília, 13 jun. 1994. Disponível em: <http://www.planalto.gov.br/ccivil_03/leis/l8884.htm>. Acesso em: 26 jan. 2021.

BRASIL. Lei n. 9.656, de 3 de junho de 1998. **Diário Oficial da União**, Poder Executivo, Brasília, 4 jun. 1998. Disponível em: <http://www.planalto.gov.br/ccivil_03/leis/L9656compilado.htm>. Acesso em: 26 jan. 2021.

BRASIL. Lei n. 10.406, de 10 de janeiro de 2002. **Diário Oficial da União**, Poder Legislativo, Brasília, 11 jan. 2002. Disponível em: <http://www.planalto.gov.br/ccivil_03/leis/2002/L10406compilada.htm>. Acesso em: 26 jan. 2021.

BRASIL. Lei n. 11.101, de 9 de fevereiro de 2005. **Diário Oficial da União**, Poder Executivo, Brasília, 9 fev. 2005. Disponível em: <http://www.planalto.gov.br/ccivil_03/_ato2004-2006/2005/lei/l11101.htm#:~:text=Regula%20a%20recupera%C3%A7%C3%A3o%20judicial%2C%20a,empres%C3%A1rio%20e%20da%20sociedade%20empres%C3%A1ria>. Acesso em: 26 jan. 2021.

BRASIL. Lei n. 12.529, de 30 de novembro de 2011. **Diário Oficial da União**, Poder Legislativo, Brasília, 1º dez. 2011. Disponível em: <http://www.planalto.gov.br/ccivil_03/_ato2011-2014/2011/lei/l12529.htm>. Acesso em: 26 jan. 2021.

BRASIL. Lei n. 12.846, de 1º de agosto de 2013. **Diário Oficial da União**, Poder Executivo, Brasília, 2 ago. 2013. Disponível em: <http://www.planalto.gov.br/ccivil_03/_ato2011-2014/2013/lei/l12846.htm>. Acesso em: 26 jan. 2021.

BRASIL. Lei n. 13.105, de 6 de março de 2015. **Diário Oficial da União**, Poder Legislativo, Brasília, 17 mar. 2015. Disponível em: <http://www.planalto.gov.br/ccivil_03/_ato2015-2018/2015/lei/l13105.htm>. Acesso em: 26 jan. 2021.

CALVINO, Í. **As cidades invisíveis**. Tradução de Diogo Mainardi. São Paulo: Companhia das Letras, 1990.

CNJ – CONSELHO NACIONAL DE JUSTIÇA. **Bacenjud**. Disponível em: <https://www.cnj.jus.br/sistemas/bacenjud>. Acesso em: 5 ago. 2020a.

CNJ – CONSELHO NACIONAL DE JUSTIÇA. **Renajud**. Disponível em: <https://www.cnj.jus.br/sistemas/renajud-4>. Acesso em: 5 ago. 2020b.

COELHO, F. U. **Manual de direito comercial**: direito de empresa. 28 ed. São Paulo: Saraiva, 2016.

CREPALDI. S. A. Crimes falimentares: uma abordagem analítica. **Âmbito Jurídico**, 31 maio 2008. Disponível em: <https://ambitojuridico.com.br/edicoes/revista-53/crimes-falimentares-uma-abordagem-analitica>. Acesso em: 26 jan. 2021.

DURKHEIM, E. **As regras do método sociológico**. 13. ed. São Paulo: Nacional, 1987. (Texto originalmente publicado em 1895).

FRAGOSO, H. C. **Lições de direito penal**: parte geral. 17. ed. Rio de Janeiro: Forense, 2016.

GOMES, F. B. **Manual de direito comercial**: de acordo com a nova Lei de Falência e Recuperação de Empresas. 2. ed. rev., ampl. e atual. Barueri: Manole, 2007.

GONÇALVES, C. R. **Direito civil brasileiro**. 17 ed. São Paulo Saraiva 2018. v. 1: Parte geral.

GUESSE, J. Regime jurídico da livre iniciativa. **Migalhas**, 28 out. 2019. Disponível em: <https://migalhas.uol.com.br/depeso/313799/regime-juridico-da-livre-iniciativa>. Acesso em: 26 jan. 2021.

LUZ, V. P. da. **Manual do advogado**: advocacia prática – civil, trabalhista e criminal. 28. ed. Barueri: Manole, 2016.

MAMEDE, G. **Direito empresarial brasileiro**: falência e recuperação de empresas. 12. ed. São Paulo: Atlas, 2018.

MEDINA, R. de C. A. (Org.). **Direito penal acadêmico**: parte geral. Rio de Janeiro: De Andréa Ferreira & Morgado Editores, 2008.

MELLO, M. B. de. **Teoria do fato jurídico**: plano da validade. 10. ed. São Paulo: Saraiva, 2010.

MORAES, F. de A. B. de. **Manual de direito falimentar**. Niterói: Impetus, 2013.

NIARADI, G. A. **Direito empresarial para administradores**. São Paulo: Pearson Prentice Hall, 2008.

NIARADI, G. A. **Direito empresarial**. São Paulo: Pearson Education do Brasil, 2012. (Bibliografia Universitária Pearson).

NOBREGA, C. S. **Direito empresarial e societário** [livro eletrônico]. 2. ed. rev., atual. e ampl. Curitiba: InterSaberes, 2018. 2Mb; PDF.

PIRES, A. S. X.; OLIVEIRA, F. de A.; CARVALHO, L. G. C. **Código de processo civil**: doutrina e anotações. Rio de Janeiro: Freitas Bastos, 2015.

POSTIGLIONE, M. L. **Direito empresarial**: o estabelecimento e seus aspectos contratuais. Barueri: Manole, 2006.

RAMOS, A. L. S. C. **Direito empresarial esquematizado**. 6. ed. rev., atual. e ampl. Rio de Janeiro: Forense; São Paulo: Método, 2016.

VENOSA, S. de S. **Direito civil**. 18. ed. São Paulo: Atlas, 2018. v. 1: Parte geral.

Sobre o autor

Luiz Carlos Guieseler Junior é doutorando em Direito Fundamentais e Democracia pelo Centro Universitário Autônomo do Brasil (UniBrasil). Mestre em Direito em Direitos Fundamentais e Democracia também pela UniBrasil. É bolsista pelo programa de Suporte à Pós-Graduação de Instituições de Ensino Particulares (Prosup)/Coordenação de Aperfeiçoamento de Pessoal de Nível Superior (Capes), especialista em Direito Tributário pelo Centro Universitário Curitiba (UniCuritiba) e especialista em Teoría Crítica de los Derechos Humanos pela Universidad

Pablo de Olavide, UPO, Sevilla, Espanha. Atualmente é advogado inscrito na OAB-Pr sob n. 44.937. Professor do Centro Universitário Internacional Uninter das disciplinas de Direito Empresarial III e Direito Tributário. É membro do Núcleo de Pesquisa em Direito Constitucional (NUPECONST) do PPGD da UniBrasil.

Os papéis utilizados neste livro, certificados por instituições ambientais competentes, são recicláveis, provenientes de fontes renováveis e, portanto, um meio **respons**ável e natural de informação e conhecimento.

Impressão: Reproset
Fevereiro/2023